コリア！

38度線を越えたゴール

金丸知好

現代企画室

コリア!——三八度線を越えたゴール

金丸知好

コリア！　目次

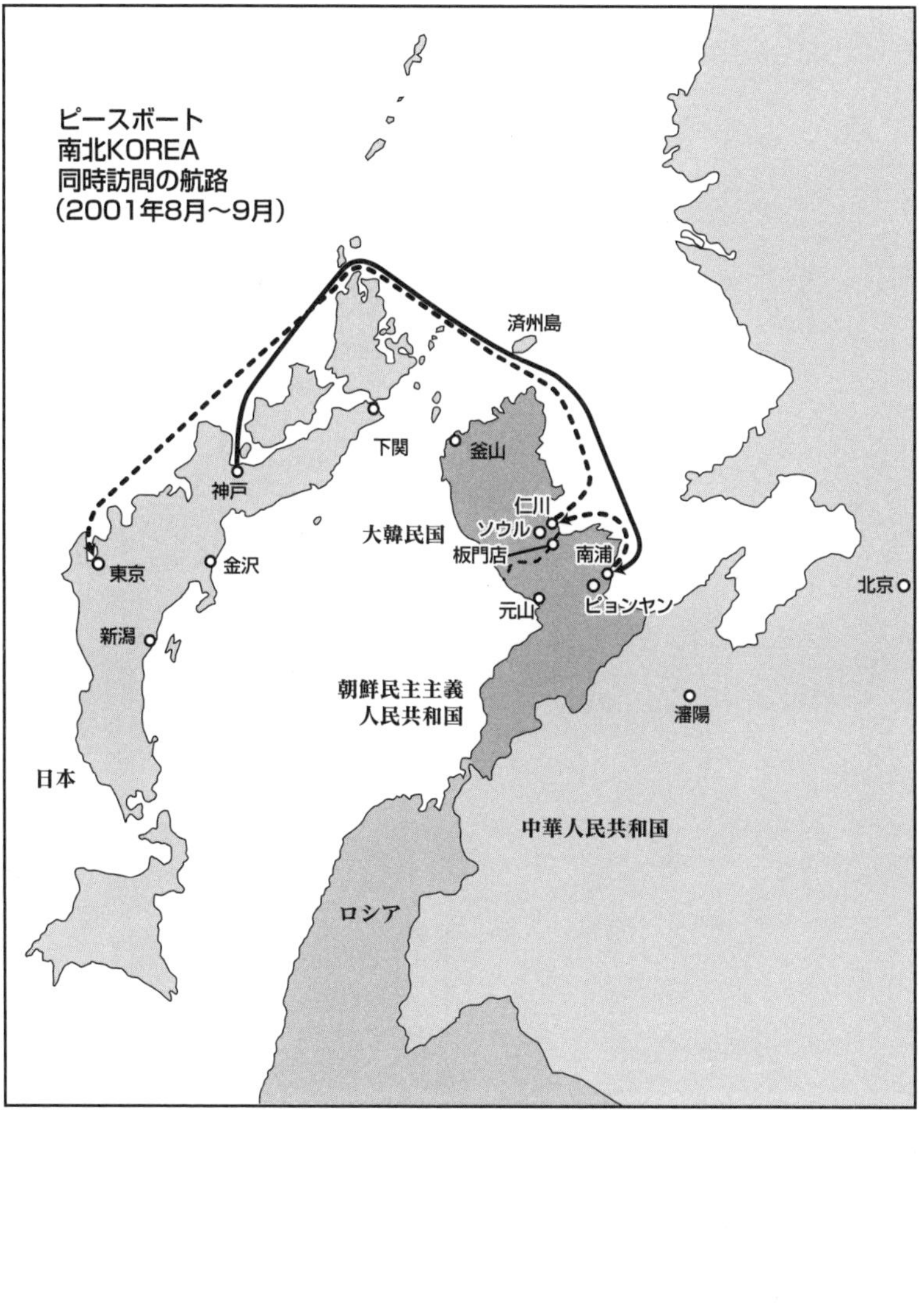
ピースボート
南北KOREA
同時訪問の航路
(2001年8月～9月)
済州島
下関
釜山
神戸
仁川
ソウル
大韓民国
板門店
南浦
東京
金沢
北京
元山
ピョンヤン
新潟
朝鮮民主主義
人民共和国
瀋陽
日本
中華人民共和国
ロシア

装丁——有賀　強
地図——太田亮夫

プロローグ 「コリア!」

「オ〜オゥ、コリア! オ〜オゥ、コリア!! オ〜オゥ、コリア!・!・!」

二〇〇二年六月四日、深夜。ソウル。

ソウルといってもここは中心街から地下鉄で三〇分ほど離れた郊外のベッドタウンだ。

それでも都心から伸びる幹線道路が、この部屋のすぐ真裏を走っていることから、夜が更けても自動車の疾走する音は絶えることがない。しかしこの晩は車のタイヤが奏でる音に加えて、絶叫に近い歌声が断続的に聞こえてくる。

二二時三〇分以降、テレビのニュースはひとつの「事件」についてのみ報道を続けていた。この時期、一触即発の関係にあったインドとパキスタンが、仮にこの日に核戦争寸前の危機に陥ったとしよう。それでも印パの紛争ニュースは片隅に追いやられるか、ひょっとするとまったく報道されなかったかもしれない。

韓国を揺るがした事件。それはワールドカップ初出場から四八年目にして、韓国が初めて勝利を挙げたことに他ならない。どのチャンネルでも韓国勝利の報道しか行なわれていない。試合のダイジェスト、主力選手のサクセスストーリー、オランダからやってきた監督の紆余曲折……。

これが延々と続く。

試合は釜山で行なわれたが、ソウルの街のいたるところに設置された大型ビジョンを見ながら応援する人が山のように集結した。李氏朝鮮の王宮であった景福宮の前にある光化門の広場には一五万人、ソウル市庁前の広場にも一〇万を軽く超す人が集まって、自国代表に声援を送ったという。勝利直後の歓喜の爆発の様子はニュースでも幾度となく流された。

試合が終わってから、かれこれ二時間は経過していた。

勝利への熱情を爆発させた人々は、ようやく家路につき始めた。そして人々の移動とともに、その歓喜の余熱が都心から郊外へと拡散していった。

「オ〜ォウ、コリア！」

待ちに待った白星への喜びを、人々は歌うことで表現していた。

窓の外から響いてくる、どこの誰のものかもわからぬ歌声を聞きながら僕は思い出したようにつぶやいた。

「コリア……か」

コリア。歌声を聞いているうちに、さまざまな出来事が僕の脳裏を駆け巡り始めた。

一九九六年五月末。日本と韓国の激しい招致合戦をうけた国際サッカー連盟（ＦＩＦＡ）は二〇〇二年のサッカー・ワールドカップを日韓共同開催とすることを決定した。韓国ではこの決定に沸いたが、日本では単独開催は決定的と信じていた人も多かったことから複雑な心境でこの報告を聞いた者も少なくなかった。僕も日韓共催の決定を何だかすっきりしない気持ちで聞いたひとりであった。日本で観られる試合が半分に減ってしまうのは、たしかに残念なことであったからだ。そして日本国内では「(単独開催でないなら)ワールドカップ開催を返上してしまえ」という意見も出てきたほどだった。

日韓共催が生まれたウラにはFIFAの次期会長選挙をめぐるさまざまな思惑がからんでおり、そんな内部の政治的な妥協の産物だったといえる。そして日本人も韓国人もそれぞれ自国での開催実現に熱を上げはしたものの、共催に向けて力を合わせるということはほとんどなかった。そういう意味では二〇〇〇年に行なわれたサッカー欧州選手権(ユーロ二〇〇〇)のベルギー・オランダ共同開催とは全く似て非なるものだったのだ。

でも多くの日本人がそうであったように、僕もすぐに考え直した。日韓共催によって、これまで「近くて遠い国」とされた両国の関係がより親しいものに変わればよいのではないか、と。どうして「近くて遠い国」だったのかといえば、やはり一九一〇年から四五年まで続いた日本による三六年間の朝鮮半島の植民地支配(韓国では「日帝三六年」と呼ぶ)という歴史が横たわっていたからだ。とりわけ支配された韓国の人々の日本に対する思いというものは、恨み、敵対といった感情が心の底に流れている。そして日本の一部の政治家が日帝三六年支配を正当化する発言を行なったり、その謝罪を行なわないたびに、日本への快くない思いが表に出てきてしまうのだ。いっぽう、太平洋戦争(一九四一~四五年)の敗戦後、日本人のほとんどは太平洋をはさんだ遠い隣国アメリカの方ばかりを向いて、すぐ隣の韓国に対しては大きな関心を払ってこなかったといえるだろう。普通の人々による交流も、近い国であるにしては非常に細々としたものであった。こうして戦後五〇年をへても日韓は「近くて遠い国」という関係しか持っていなかったのである。

二〇〇二年FIFAワールドカップの日韓共催は、それを変える大きなチャンスだ。日本ではオリンピックが世界最大のスポーツイベントだと思っている人が多い。ところが、加盟協会の数やテレビの視聴率、競技人口などで比べると、単一競技であるにもかかわらずFIFAワールドカップはオリンピックをはるかに上回る。

そしてサッカーは世界中どこに行っても行なわれている。経済的に豊かな国であろうが、とてつもなく貧しい国であろうが関係ない。いま、英語が地球の「共通語」ということで国際舞台では使用されている。でも南米のようなスペイン語が広く使われている地域では英語はほとんど通じないし、世界最大の人口一三億を有する中国大陸でもそうである。サッカーの強みは言葉の壁を乗り越えられるということだ。英語が通じない南米は世界でもヨーロッパと肩を並べるサッカー最強地帯だし、中国でも今や人気ナンバーワンスポーツはサッカーだ。九八年にフランスでワールドカップが行なわれたとき、パリのエッフェル塔の下ではいつもミニサッカーが行なわれていた。ボールを蹴っているのはフランス人、ブラジル人、イギリスから来たというジャマイカ人、モロッコ人、そして日本人や韓国人……。人種も肌の色も文化もそれぞれ異なり、言葉も通じない人たちがたったひとつのボールを蹴りあって仲間となっていた。こうしてみるとサッカーは共通語を乗り越える「世界語」なのだなあ、と実感させられる。

とにかくこれほど世界中の人々が注目し、開催地に集まってくるのがFIFAワールドカップである。大会期間はさまざまな人々がスタジアムのある都市と都市のあいだを移動し、滞在する。ワールドカップが行なわれているとき、その開催国はもはやひとつの独立国家ではない。そこが世界であり、地球になるのだ。そんなインターナショナルなイベントを、しかも七〇年以上の歴史を持つFIFAワールドカップでも初めての試みである共同開催を、日本と韓国の綿密な協力なしで成功させることは不可能であることは火を見るよりも明らかだ。しかもそれはサッカー関係者だけでなく、僕たちのような普通の人たちの力も必要なのである。エッフェル塔の下でボールを蹴っていた人たちが、ボールを蹴るという共同作業によってひとつの仲間となったように、日韓両国に暮らす人々の共同作業を通して地球最大のイベントを成功させなければならないのだ。それが両国を「近くて遠い国」から、「ワールドカップをつくっていった仲間」という関係に変えていけるだろう。そう考えると、日韓共催が決まったときに素直に喜べなかった自分の心の狭さがとても恥ずかしくなった。

ところが、大会の正式名称が「FIFAワールドカップ・コリア／ジャパン」であると聞いたとき、僕の心のなかにひとつの疑問が頭をもたげてきてしまった。ジャパンが日本をさす英語であるのはわかる。ではコリアは？

地図帳を開けば日本の隣には朝鮮半島がある。そしてそこにはふたつの国家があるはずだ。南半分が、さきほどから何度も登場している大韓民国（韓国）。そして北半分が朝鮮民主主義人民共和国（以下、北朝鮮）となっている。日本にとって北朝鮮は、韓国以上に「距離的には近いが、心理的に遠い国」である。日本と韓国は国交というものがあり、お互いの国に大使館を置き連絡を取り合っているが、北朝鮮との間にはそれすらない。日本から韓国へは思い立ったらその日のうちにも行けてしまうのに、北朝鮮には入国することそのものが難しい。

僕たちは何の疑問もなくコリア／ジャパンというと「韓国と日本」と思っているし、二〇〇二年のワールドカップ開催国もこの両国だと考えている。そしてそれは間違いではない。でも「コリア」という名称はどうなのか。韓国だけを示すのなら「サウス・コリア」としなければならないのではないか。と同時に北朝鮮をさすときは「ノース・コリア」としなければならない。しかしFIFAの正式名称は「コリア／ジャパン」なのである。

実は、この疑問にこたえるような動きはすでに出ている。二〇〇二年ワールドカップは日本の一〇都市（札幌・仙台・新潟・鹿島・浦和・横浜・静岡・大阪・神戸・大分）と韓国の一〇都市（ソウル・仁川・水原・大田・大邱・釜山・蔚山・全州・光州・西帰浦）で行なわれることがすでに決まっている。そこに北朝鮮の首都ピョンヤンで二試合開催を加えてはどうか、という提案が韓国側から出されたのである。FIFAのブラッター会長も二〇〇一年一二月に釜山で行なわれるワールドカップ抽選会の前までに北朝鮮を訪問し、その可能性を調査するという。そして朝鮮半島を分断する韓国と北朝鮮が「統一コリア」チームを結成して大会に臨む、というプランもあるという。

こうなると二〇〇二年ワールドカップは日韓だけではなく、北朝鮮も含めた三ヵ国による開催となる。これこそが本当の意味で「コリア／ジャパン」大会となる。そうなれば二〇〇二年ワールドカップは単なるサッカー世界選手権ではなく、日本と韓国、日本と北朝鮮、そして韓国と北朝鮮の関係を劇的に改善させるきっかけとなる「平和の祭典」にもなりうる。FIFAワールドカップ史上、後世の歴史に残る大会になるのかどうか。僕はコリア、それも二つの国を実際に訪れ、この目で見て確かめたい気持ちにとらわれた。そしてそのチャンスは、二〇〇二年ワールドカップ開幕まで一年を切った晩夏にめぐってきた。

第1章　ふたつのコリアへ

ソウルからピョンヤンまでタクシーで五万ウォン（五〇〇〇円）。
ソ連にも行き、月にも行き、どこでも行けるのに、
光州よりもっと近いピョンヤンになぜ行けない？
我が民族、我が大地、ピョンヤンになぜ行けない？

警笛を鳴らし、ソウルからピョンヤンまで、
夢ででも元気よく走ってみたい。

分断勢力追い出し統一さえできれば、
お金はいらないそれでいい、離散家族を乗せていくってよ。

帰ってくるとき空いてたら、泣きながら死んだ
きょうだいの古い手紙、魂を持って帰ろう。

「ソウルからピョンヤンまで」という曲がある。チョ・ジェヒョンの作詞、ユン・ミンソクが曲をつけた。歌詞の内容は切実で重い。だけど曲の調子はあくまでも軽く、かえって楽しい感じすらする。だからこそかえって朝鮮半島が南北に分断されているという現実の厳しさがひしひしと伝わってくるようでもある。ちなみに「ソウルからピョンヤンまで」の歌詞を書いたのはタクシー運転手だ、と韓国では言われている。それは南北コリア統一への願いが、普通の人たちの間でも強いということを表している。

それではどうしてコリアはふたつの国に分かれてしまったのか？

引き裂かれたコリア

一九四五年八月一五日、日本は太平洋戦争に敗れアメリカなど連合国に対して無条件降伏した。これはつまり日本による朝鮮半島の植民地支配の終わりを意味した。いま韓国でも北朝鮮でも八月一五日は日本支配からの解放の日――光復節として祝日になっている。これでようやく自民族による新しい国ができる、とコリアの人々はその準備に取りかかり始めた。

ところが日本と戦っていたアメリカとソ連はすでに、日本が降伏した後の朝鮮半島を北緯三八度線を境にして分割占領することを決めていた。ソ連はアメリカとの密約（日本の同盟国だったドイツの降伏から二ヵ月後に日本に宣戦布告する）にしたがって八月九日、日本支配下の満州（現在の中国東北地方）や朝鮮半島に侵攻した。ソ連軍の進撃は予想以上に早く、すでに大戦後の世界秩序をめぐってソ連と対立していたアメリカはあわてた。なんとかして朝鮮半島での権益を確保したいアメリカは三八度線での分割占領をソ連に提案したのである。

もともと三八度線とは朝鮮半島の中央部を東西につらぬいていたという面もあったが、そのルーツは日本が持ち出したものであった。一九〇四年に日露戦争が始まる直前、日本はロシアに対して三八度線を境に朝鮮半島の勢力圏を分け合うという提案をしたのが、その始まりだという。また敗戦直前の四五年五月には、日本は米ソとの対決作戦を強化するために、三八度線を境界線として北側を「関東軍」、南側を朝鮮在住の日本軍である「朝鮮軍」の作戦指揮下においた。米ソの朝鮮占領軍がてはじめに行なったのは、これら日本軍の武装解除だったが、これは三八度線の南北で別々に行なわれることとなった。

三八度線の北側ではソ連軍が社会主義政策をとり、南側ではアメリカが軍政をしきつつコリアの人々による独自の新国家樹立の動きを押さえていった。そしてアメリカは四八年五月、親アメリカで共産主義に反対するイー・スンマンを押し立てて南側だけの単独選挙を強行、八月一五日にソウルを首都とする大韓民国を樹立してしまった。これに対抗するかたちで同じ年の九月九日、北側でもソ連のバックアップでキム・イルソンを首班とし、ピョンヤンを臨時首都（最初の憲法上では首都がソウルと定められていた）とする朝鮮民主主義人民共和国（北朝鮮）が樹立された。こうして朝鮮半島は二つの国家によって分断されたのである。

南北両政府とも自分が朝鮮半島の正統な政府であると主張し、互いを非難することに明け暮れた。そして一九五〇年六月二五日、朝鮮人民軍と韓国軍が三八度線の軍事分界線付近で衝突。ここに南北に分かれて同じ民族どうしが血で血を洗うような殺しあい、朝鮮戦争が始まったのである。最初は朝鮮人民軍が優勢で、またたくまに韓国の首都ソウルを占領し、韓国軍を韓国南部の玄界灘に追い落とす寸前までいった。しかしアメリカは、北を支援するソ連が欠席した国連安全保障理事会の決議をえて「国連軍」と名乗って朝鮮半島に出兵した。九月一五日の仁川上陸で戦局は一変、今度は国連軍という名の米軍が朝鮮人民軍を北へと追い込んでいく。人民軍がまさに半島北部を流れる鴨緑江に追い落とされようというそのとき、同じ社会主義陣営の中国は人民志願軍を送り出した。こうして国連軍は南に押し戻される。やがて戦線は動かなくなり、五三年七月二七日に三八度線上にある板門店で「休戦協定」が南北間に結ばれた。そして南北の間には北緯三八度線に沿うように西の漢江から東海岸まで総延長二四八キロ（東京から静岡までの距離に相当する）の休戦ラインがしかれ、ここに朝鮮半島の南北分断は決定的となった。さらにこの戦争は、戦線がまるでローラーのように半島全土を往復したため、軍人だけでなく民間人も南北あわせて一〇〇万を超える死者を生んだという。朝鮮戦争はいまに至るまで鉄のような休戦ラインをつくっただけでなく、南北双方の人の心にいやしがたい傷と越えがたいミゾをつくってしまったとも言えるだろう。

いっぽう、朝鮮戦争で日本も変化した。国連軍の主力だった米軍は日本にある基地から出撃し、また、武器や資材、さらにはその補修や輸送などを日本に注文した。こうして敗戦によるどん底にあった日本経済は「朝鮮特需」によって立ち直り、その後の高度成長経済へのきっかけをつかんだことは覚えておいたほうがいいだろう。そして、朝鮮戦争中の五一年に日本はアメリカと同盟関係をつくりあげ、新しくできた日本国憲法には「戦力を保持しない」とうたっておきながら警察予備隊（のちの自衛隊）をつくった。こうして日本はアメリカに基地を提供し（その大半は沖縄に押しつけた）、その庇護のもとで経済成長をとげていく。いま経済状況が悪くかつての面影はなくなったとはいえ、いまだに世界有数の経済レベルを保持している日本の影には、朝鮮半島で流れたおびただしい血があったことは忘れるべきではない。

五五年待った対面

朝鮮戦争ののち、北と南はまったく違った道のりを歩むことになる。北朝鮮は朝鮮労働党の指導下で急速な社会主義化が進められ、六七年からはキム・イルソン主席が創始したという「チュチェ思想」が朝鮮労働党の唯一思想として打ち出された。経済は北朝鮮独自の「自主独立路線」を取っていく。朝鮮戦争後、アメリカをはじめとする西側諸国のしめだしもあってこのような孤立化路線を取らざるをえなかったという背景もそこにはある。韓国ではイー・スンマンの独裁政権が民衆運動で倒されたのもつかの間、まもなくパク・チョンヒ将軍の軍事政権が樹立された。人々の自由は制限されたが、この時代から「漢江の奇跡」と呼ばれる高度経済成長が始まり、韓国経済はめざましい発展を遂げていく。皮肉なことに経済発展は韓国民の民主主義への望みをさらに強め、民主化闘争は激しくなる一方だった。パク・チョンヒ大統領の射殺、八〇年の光州事件での市民約二〇〇人の虐殺、八七年の学生を中心とする「六月抗争」などをへて政権が「民主化宣言」を行い、八八年二月には韓国史上初の自由選挙によってノ・テウ大統領が就任。そして同年九月にはソウル・オリンピックが開催され、世界における韓国の地位が高まったひとつの象徴的な出来事となった。

対照的に北朝鮮では、韓国との経済的な格差が徐々に広がっていった。さらにソウル・オリンピックの成功は北朝鮮の威信に少なからず傷をつけた。八五年に登場したソ連のゴルバチョフ体制で行なわれたペレストロイカ政策、そして八九年後半に起こった東欧におけるあいつぐ社会主義政権の崩壊、さらに九〇年に同盟国と信じてきたソ連が韓国と国交を樹立、九一年末にはソ連そのものが崩壊……。国際情勢の激変は北朝鮮をさらに孤立化に追いやった。しかもこれまで北朝鮮経済を支えていたソ連・東欧諸国とのバーター取り引き貿易が、それらの社会主義体制の崩壊によって解消され貿易は現金決済となったことで、以前から経済低迷に悩んでいた北朝鮮はますます苦況におちいった。

八九年末に、第二次世界大戦後に両超大国の間でくり広げられた冷たい戦争――「冷戦」の終結が宣言され、さらにソ連の崩壊が南北コリアにじわりと影響を与え始めた。ソ連に引き続き、北朝鮮が「血盟の間柄」と信じてきた中国とも韓国が国交を結んだことで、北は日本そしてアメリカとの信頼関係の構築を考えざるをえなくなった。そして日米の同盟国である韓国にも歩み寄るかの動きも見せた。その後、政治状況の変化で歩み寄りは止まり、さらに九四年七月にキム・イルソン主席が死亡してその流れはすっかり止まってしまったかのように見えた。

しかし九七年にその息子キム・ジョンイル氏が総書記に就任し北朝鮮の顔が定着したこと、さらに九八年に韓国大統領に就任したキム・デジュン氏が対北政策として「太陽政策」を掲げたことで、再び南北和解の歯車が少しづつ動き始めた。ちなみに太陽政策とはイソップ童話の『北風と太陽』に由来する。それは北風と太陽が旅人の服をどちらが脱がせるかという競争をした際に、いくら北風が強風を吹き付けても旅人がかえって服を着込んでしまったのに対し、太陽がポカポカと日差しを照りつけることで旅人は暑くなって最後には服を全部脱いで水に飛び込んでしまった。この寓話から旅人を北朝鮮になぞらえて、北風のように強い態度に出るのではなく、太陽のように暖かく包み込めば北朝鮮も次第に話し合いに応じる、ということである。

そして二〇〇〇年六月、建国以来厳しい対立を続けてきた南北コリアの歴史を変えるような出来事が起きた。なんとキム・デジュン大統領が、韓国の大統領として初めて北朝鮮のピョンヤンを訪問し、キム・ジョンイル総書記と南北首脳会談を行なったのである。

南北コリア首脳会談は当初、六月一二日にキム・デジュン大統領がピョンヤンを訪問するという日程になっていた。ところが北朝鮮側の突然の要請で、日程が一日ずつ延期されることになってしまった。訪問直前の日程変更だったが、キム・デジュン大統領は次のように語ったという。

「五五年待った対面だから、一日ぐらい待てる」

日本が太平洋戦争に敗れ、朝鮮半島が解放されてから五五年！　なんと長い歳月だろう。この半世紀あまりの間、平和な日本で暮らしている僕たちにはにわかに信じがたいことだけど、南北の指導者は一度たりとも顔をあわせて握手すらかわしたことがなかったなんて。それこそ「ソウルからピョンヤンまでタクシーで五〇〇〇円」（韓国タクシーの初乗りは一五〇円）という距離でしかないというのに。

この翌日、キム・デジュン大統領は専用機でピョンヤンに飛び、空港に出迎えたキム・ジョンイル総書記と握手をかわした。そして三日間にわたる南北首脳会談は無事に行なわれ、コリア統一について「南北同士で力を合わせ自主的に努力する」ことで合意した。そして今度はキム・ジョンイル総書記の「適切な時期のソウル訪問」も約束された。

こうして一気に南北の和解ムードが、とりわけ韓国側で、流れた。朝鮮戦争などで南北コリアで離れ離れになった南北離散家族（南北双方で一〇〇〇万人を超えるという）の再会が初めて実現し、休戦ラインで分断されたままだった鉄道線路の復旧作業が韓国側で始まった。いずれもこれまでの南北コリアの戦後史から考えれば、夢のような出来事だ。

シドニーの熱気を再び

しかし僕のなかで最も心に残った出来事は、朝鮮半島から遥か遠い南の夜空の下で行なわれていた。九月一五日、オーストラリアのシドニー。スタジアムはオリンピックの開会式の華やかなムードに包まれていた。英語のアルファベット順に参加国の代表選手団が入場行進を行なっていた。頭文字がKの順番になった。トラックに姿を現したのはDPRK（北朝鮮）でもREPUBLIC OF KOREA（韓国）でもない。KOREA（コリア）の選手役員たちだった。先頭の旗手が持っていたのは北朝鮮の国旗でもなければ、太極旗（韓国国旗）でもない。白地に朝鮮半島の地図を青く染め抜いた「統一旗」。旗手もひとりではない。二人だ。南北双方の旗手が一緒に持っている。スタンドでも統一旗がうれしそうに揺れている。統一旗の朝鮮半島にはもちろん三八度線の休戦ラインはない。南北コリアの選手役員は同じユニフォームに身を包み、互いの手を取ってスタンドに向かって高く掲げている。明日から行なわれる競技には韓国、北朝鮮と別々にエントリーしているが、入場行進だけは一緒なのだ。

そして入場行進のバックに流れていたのは「アリラン」だ。アリランは南北を問わず朝鮮半島を代表する民謡だ。このアリランを知らないコリアンはいないはずだ。そして、僕たちのような外国人であっても、一度はその旋律を耳にしたことはあるはずだ。

わたしを捨てて峠を越えていくいとしき夫よ　あなたは一〇里（日本の四キロに相当）も行かないうちに足が痛んで、戻ってくるはずですよ

捨てられゆく妻の悲しみに満ちた心情をうたったアリラン。コリアはひとつ、ということのシンボルとされる民謡の内容は、意外というか思ったとおりというか、別離のうたである。しかし裏を返せば、（コリアは）いまはふたつに分かれているけれどもけっきょくひとつになるはずですよ、とも取ることができる。

一一万観衆のとりわけ大きな拍手に迎えられる統一コリア選手団の入場を見ながら、僕はふと、二年後に控えたスポーツの祭典について想いをめぐらせざるをえなかった。

実はこの合同入場行進は、六月の南北首脳会談に韓国代表団の一員として参加していた韓国オリンピック委員会のキム・ウンヨン会長が、北朝鮮側に提案したものだった。その三ヵ月後、提案は見事に実現した。この会談には韓国サッカー協会会長であり同時にＦＩＦＡ副会長のチョン・モンジュン氏も同行しており、彼はシドニー・オリンピック直後に中東のレバノンで開催さ

れるサッカー・アジアカップでの統一コリアチーム結成を提案している。そして日韓共催がすでに決まっている二〇〇二年ワールドカップの北朝鮮での分散開催および出場の再考を要請しているのだ。

「オリンピックで実現したんだ。アジアカップ、そしてワールドカップでも……」

同時入場行進の感動さめやらぬ僕は、新たな感動を求めてレバノンそして二〇〇二年のワールドカップでのコリア代表チームの躍動を夢想していた。この晩は、なぜかなかなか寝つかれなかった。外国人である僕ですらそうだったのだ。おそらく開会式を見ていた朝鮮半島の人たちは、一晩中、統一について語り明かしていただろう。

それから一年の月日が経過しようとしている。

あのシドニーの夜は夢だったのか。

南北首脳会談直後のバラ色の未来像は、もはやすっかり色あせてしまったかのようだ。この一年で南北コリアおよびそれを取り巻く政治状況は激しく動き、そして対話はいつしかとぎれとぎれになっていった。昨年の六月、統一へあれほどまでに期待を抱いた韓国の人たちも、この頃はすっかりさめてしまっていると聞いた。同時に二〇〇二年ワールドカップでの統一コリアチーム結成や北朝鮮での分散開催の話題も、ほとんど耳にすることはなくなっていた。ピョンヤンでの分散開催はどうなのか？　統一チーム結成の可能性は残されているのか？　疑問だけがどんどん大きく膨らんでいく。そんなとき、思いがけない知らせが届いた。

南北コリアの首都ピョンヤン・ソウルをたてつづけに訪問するツアーが実現!

最初は悪い冗談だろうと思った。というのも南北分断後、外国からピョンヤンそしてソウルを続けて訪問できた旅行というものを、聞いたためしがなかったからだ。三八度線に休戦ラインがあるかぎり、南北コリア同時訪問は至難のわざのはずだった。ところがこれを可能にしてくれるツアーは、たしかにあった。それは東京に本部を置くNGO（非政府組織）「ピースボート」の企画だった。ピースボートは一九八三年以来、船をチャーターして世界各地を訪問し、交流やボランティア活動を行なってきた団体だ。かつてはアジア諸国をメインの訪問先としていたが、ここ数年は地球一周クルーズを連続して企画し、パレスチナ問題や旧ユーゴ問題、南米やアフリカのスラムの問題、南太平洋の先住民族問題……などさまざまなテーマに取り組んでいる。

南北コリア同時訪問へ

そんな地球規模の活動を行なうピースボートの創設以来の悲願が、南北コリア同時訪問であった。やはり日本を拠点にして活動している以上、歴史的にも深い関わりがあり、そしてまだ分断という状況に置かれている朝鮮半島に船を出さねばならない。しかも二つの国に行き、双方の国に暮らす人たちから話を聞こう。そのような思いから、ピースボートのスタッフはことあるごとに同時訪問にトライしてきた。しかし、南北の対立が厳しい状況では、なかなかかなわない。

ただし九一年に、変則的だが韓国と北朝鮮を短期間に訪問した例はある。まず旧ソ連の船で韓国を訪問し、金沢に帰国。そのまま岸壁に待つバスに乗って新潟へ移動。そして翌日の夕方に北朝鮮の船で新潟から北朝鮮の元山に向けて出港……。韓国と北朝鮮の間にきわめて短い日本滞在をはさんでの南北コリア訪問だった。

それから一〇年、今度こそは正真正銘の南北コリア同時訪問クルーズが実現するのだ。その実現が可能になった背景には、やはり前年のキム・デジュン大統領とキム・ジョンイル総書記の握手の影響が大きいと言われる。歴史的快挙は新たな快挙を生む、というひとつの証明でもある。

ルートは神戸を出港し北朝鮮の南浦入港、そのままピョンヤンへ移動し三泊四日のスケジュールをこなす。再び南浦を出、中一日おいて今度は韓国の仁川に入港。一泊二日の滞在の後、仁川を出港。三日後に東京に帰航、という全部で一二泊一三日のクルーズ。朝鮮半島を半世紀にわたって分断してきた休戦ライン。しかし、海上には南北をさえぎる鉄条網はない。まさにピースボートならではの利点を生かしている。

僕は迷わずこの船に飛び乗ることにした。そして分断された二つのコリアを同時に訪れてその現実に触れ、二〇〇二年ワールドカップ分散開催そして統一コリアチームの結成の可能性を、とにかくさぐれるだけさぐってみようと思ったからだ。

東京から新幹線に飛び乗って関西そしてピースボートがチャーターしたオリビア号（ウクライナ船籍：一万五七九一トン）が停泊する神戸港へ。八月二七日、月曜日。オリビア号は南北コリア同時訪問に向けて神戸を出航した。前日までの重苦しい雨天が、この日だけは真っ青な空に取って代られていた。そして鮮やかな青空がくっきりと浮かび上がらせた六甲の山並は、時とともに次第に遠ざかっていく。

第2章　消えた強豪

見えない三八度線

オリビア号はすでに右手に淡路島、左手に和歌山県の友ヶ島を見渡す紀淡海峡にさしかかった。ここを過ぎれば紀伊水道、そして太平洋に乗り出す。

一九八三年に第一回の船を出したピースボートも、この「南北コリアクルーズ」が三四回目の企画になる。第一回の企画から主力スタッフとしてかかわっている吉岡達也団長（北朝鮮訪問の際には訪朝団「団長」を決めておかねばならない）によると「南北コリアクルーズはピースボート創設以来の悲願」だった。そしてそれが実現するのにピースボート開始から一八年の歳月と三四回のクルーズを要したことになる。

神戸出航の時点で、ピースボートのスタッフを含めて五〇〇人ほどがオリビア号に乗船している。夏休み期間ということもあって、半数が一〇代後半から二〇代前半の若者で占められていた。男女比は男性が五四％、女性が四六％とほぼ半々。日本発着クルーズということもあって、圧倒的に日本国籍を持つ参加者がほとんどだ。

実は、このクルーズでピョンヤンに行ってみたかったのに行くことをあきらめざるをえなかった人が、少なからずいた。そしてその人たちはいま、もちろんこの船には乗っていない。彼ら彼女らは韓国に暮らす韓国人であり、そして日本で暮らす韓国籍のコリアンであった。ピースボートのスタッフとして数名、韓国籍の「在日」コリアンが乗船してはいたが、それは特別にスタッフとして許可されたものだった。

キム・デジュン大統領とキム・ジョンイル総書記が握手をし、南北和解ムードが一気に広がったとはいえ、北朝鮮入国の壁はいまだに高いままであった。ピースボート事務局はなんとか韓国人や在日韓国人の入国をかなえるべく、クルーズ出航の最後の最後まで努力したが、残念な結果に終わった。僕らは実際に三八度線に行く前に、目には見えない三八度線を感じざるをえなかったのである。

オリビア号は高知県の室戸岬付近を通過して、一気に宮崎沖まで太平洋を渡る。そして鹿児島県の大隅半島に沿って南下し、本土最南端の佐多岬を見ながら西進。薩摩富士と称される開聞岳がうっすらと見える。開聞岳が視界から消えてしばらくすると今度は北西に向けて針路を取る。三日目の早朝には韓国領の済州島沖を通過し、黄海に入る。

この日の夕方、小型ラジオを持ってデッキに出た。手当たり次第に周波数を変えて、拾った音に耳をすます。言葉の違いさえなければ、日本の番組とほとんど変わらないノリの進行、そしてJポップとよく似たコリアンポップスが流れる韓国のチャンネル。マシンガンのような英語トークと聞き慣れたアメリカンポップスが流れる在韓米軍のチャンネル。そして感極まったような女

北朝鮮の海の玄関口・西海閘門

性アナウンサーの朗読と、ソプラノ歌手が朗々と荘厳なメロディーを歌い上げるチャンネル。韓国のような軽快さも、米軍のような落ちつかなさも、この放送には無縁。これは北朝鮮の放送だ。海の上はいろんな電波が飛びかう。体制や思想の対立も超えて。ただし、北朝鮮に入ってしまえば韓国や米軍放送は聞こえなくなる。北朝鮮のラジオは自国放送の周波数にチャンネルが固定されていて、それだけしか受信できないようになっているからだ。

八月三〇日午前二時、オリビア号は黄海上の三八度線を超える。赤く染まった月が、まるでじゅうたんを敷いたように真っ平らな海面に映し出されていた。

きびしい北朝鮮への入国

神戸を出てから四日目の朝、オリビア号のエンジンが停止した。八時に目覚め、デッキに出てみた。空は快晴。そして船はダムのなかにいた。ここは西海閘門。オリビア号が通ってきた黄海のことを北朝鮮では「朝鮮西海」と呼んでいる（ちなみに僕たちが日本海と呼んでいる海は「朝鮮東海」）。その西海と、それに注ぐ大同江の河口をせきとめて造られたのが西海閘門である。西海と大同江では水位が違うので、航行する船はダム内に入って、そこで水位調節を待つという仕組みになっている。その間、長さ八キロにわたるという長大な閘門を眺めていた。閘門のうえは人が通行できるようになっており、二〇年ほど前の中国で主流だった人民服のようなものを着た人たちが歩いたり、自転車に乗ったりして向こう岸への道を急いでいる。オリビア号から彼らに向かって手を振ると、彼らも笑顔になって手を振り返してくる。

　ここまではどこの国でもあるような、何の変哲もない風景である。ところが船内では、ちょっとした緊張感が漂い始めていた。この西海閘門から北朝鮮の役人が乗船していたのだ。そして船内にあるミュージックサロンで入国審査と税関審査（いわゆる持ち物検査）が始まった。クルーズ申し込み番号順に船内放送で呼び出しを受ける（申し込み番号一番から五〇番までの皆様、というように）のだが、それまでは船室で待機しなければならない。さて自分の番号が含まれるグループがアナウンスされると、これからのピョンヤン滞在三泊四日分の荷物を持って船室を出る。その前に忘れ物がないか入念にチェックする。というのも、入国審査を受けてしまえば今度は三日後の出国審査が終わるまで自分の船室に戻ることはできないのだ。すでにオリビア号のなかはロープによって二つの区域にわけられていた。半分は、まだ入国を済ませていない人のため。まあ、ピースボートの領域とでもしておこう。もう半分は、入国を済ませた人の待機スペース。早い話がもうそこは北朝鮮の領域なのだ。

ミュージックサロンでは参加者が一列に並んで、審査を待っていた。その際に、ピースボートが発行したＩＤカード（顔写真入りの身分証明書）を入れたネームホルダーを首からかけなければならない。これをしていない者は「身分不明者」である。持ち物検査は、荷物のすべてをチェックされた。持ち込み制限の厳しさは、想像以上だ。一五〇ミリ以上の望遠レンズ、録画済みのビデオテープ（現地で撮影するための生テープは含まない）、ＣＤ、雑誌、新聞、携帯電話。これらはすべて船内に残さねばならない。西海閘門到着後はラジオもデッキでは聞けず、船室内のみ使用可能とされていた。カメラやビデオカメラは入国時に申請が必要だ。ちなみに西海閘門やこれから入港する南浦港での写真撮影は、厳重に禁止されている。その理由は「港湾施設は軍事関連施設だから」というものだった。僕はフィルム一〇本持っていたが、日本語を話せる役人に「四日間で一〇本とはちょっと多いですねえ」と言われた。それ以上のことは何もなかったけれども。驚いたのは脈拍をはかられたり、口を開けて歯並びを調べられたことだ。僕は仕事柄、外国に出かけることが多いのだけど、このようなことはすべて初めての経験だった。

厳しい検査をへて、すでに入国を終えた参加者が待機する後方デッキに向かう。すでにオリビア号は南浦港に着岸していた。工場や倉庫、そして港にはさまざまな船（いずれもやや老朽化していた）が並ぶ、どことなく雑然とした印象の港だ。北朝鮮らしさを感じたのは、いずれの建物にもハングル文字でスローガンが掲げられていることだった。「偉大なるキム・ジョンイル同志、万歳！」という文字が読めた。

その一時間後、上陸許可が下りた。埠頭で待機していたバスはいずれも日本の私鉄が使っていた中古車だった。南浦の町は北朝鮮随一の港町だと聞いていたが、どことなくさびれた感じがした。道を歩く人たちの服装もどことなくみすぼらしい。ただバスに向かって手を振ったときの笑顔は、とびきり自然で明るかった。

のんびりとした田園風景をつらぬく立派な道路は、車の数がとても少ない。毎日が交通渋滞の東京に暮らしている身としては、何だかぜいたくでうらやましいような気もする。当初は一時間から一時間半かかると言われていたピョンヤンには、このガラガラ道路のおかげで四〇分足らずで到着した。

一〇年ぶりのピョンヤン

ピョンヤン！　北朝鮮の首都は、相変わらず高層ビルが林立し、壮大な建造物が立ち並んで整然としていた。車の数は少なかったが、道を走る路面電車は車両がピカピカだ。そしていつも人々でこみあっていた。相変わらず、と書いたのは、僕にとってピョンヤンは初めての訪問ではなかったからだ。ちょうど一〇年前（九一年）の秋、ピースボートが企画した「変則的」南北コリアクルーズに新潟から、つまり北朝鮮ツアーのみ参加していたのだ。あのときは新潟から「サムジヨン（三池淵）」号という北朝鮮の船に乗り、日本海を越えて元山に到着。そこからバスに揺られてピョンヤンをめざした。そして二泊三日のピョンヤン滞在ののち、国際列車で中国の北京に向かった。それ以来の一〇年ぶりのピョンヤンである。

このピョンヤン滞在中、そしてこの後のクルーズ生活のなかで、僕は数人から「一〇年前とどう変わりましたか?」という質問を受けた。いずれも短い滞在であり、自由に街を歩き回れるわけでもないので、正直言って何がわかるわけでもなかった。ただ、限られたなかで見たこと聞いたことを材料に判断すると、いくつかのことが言える。

まず、ピョンヤンに着いて最初の訪問地が朝鮮革命博物館ではなかったことである。ここでは朝鮮半島が欧米列強の侵略にさらされ始めてから一九一〇年に日本の植民地になり、それに対してキム・イルソンが抗日ゲリラを率いて立ち上がり、ついに独立を勝ち取るまでの歴史をさまざまな遺品や写真、パネルを使って説明している。博物館の前には九四年七月七日に亡くなったキム・イルソン主席の大きな銅像が建っている。国外からの訪問団はまずここを訪れ、銅像の前に献花しなければならなかった。この前年に北朝鮮を訪問したピースボートのクルーズに参加していた人も今回の訪問団に何人か加わっていたが、やはり最初は銅像に献花だったという。

ところが今回は「朝鮮劇映画撮影所」だった。たとえて言えば京都にある太秦映画村のようなものだが、京都のが約七万三〇〇〇平方メートルなのに対し、こちらは野外セットだけで七五万平方メートルというから一〇倍以上の規模だ。北朝鮮の映画製作の中心地であり、現在までに約一〇〇〇本がここでつくられたという。野外セットには三〇年代の朝鮮の農村、戦前の日本の街頭、旧満州のハルビンの中心街、そしてアルプスのチロル地方を思わせるような欧風の山村のセットまである。

「北朝鮮って、どんなところなんだろう?」

朝鮮劇映画撮影所には戦前の日本式町並みを模したセットもある

そう身構えてきた人もこの野外セットを見て、なんだ面白いところじゃないか、と思ったであろう。なお、朝鮮革命博物館は滞在最終日の最後の訪問であった。そして献花はなかった。

それから変わった点といえば、一〇年前はキム・イルソン体制だったのに対し、いまや完全にキム・ジョンイル体制になっていたということだろう。街のところどころに見られるスローガンは「二一世紀の太陽、キム・ジョンイル将軍万歳！」というものが目立った。それから僕らの訪問の直前に、キム・ジョンイル総書記は往復ともシベリア鉄道を使ってロシアのモスクワとサンクト・ペテルブルクを訪問した（ピョンヤン発着に二四日を要した）が、すでにその大旅行をたたえる看板ができあがっていた。なんとピョンヤンからモスクワ、そしてサンクト・ペテルブルクまでの鉄道ルートが赤く光るのだ。ちなみにピョンヤンの夜は暗い。立派な高層ビルがいくつもあるのだが、電力事情があまりよくないこともあって、夜景というようなものはない。東京の不夜城のような日没後に慣れると、夜ってこんなに暗かったんだ、とあらためて知らされるほどだ。しかし、この看板だけは真っ暗闇のなかでも輝いている。シベリア鉄道のルートもしっかり赤く浮き出ている。もはやこの国は、すっかりキム・ジョンイル総書記の指導で動いていることがよくわかる。そして変わったなあ、ともっとも思わせたのは「案内人」と「通訳」のことだった。日本から訪朝団が来ると、必ずバス一台に日本語の通訳、こちらでは案内人という存在が乗り込む。九一年の訪朝のときは、この案内人がいろいろ世話を焼いてきて困ったものだった。街の写真をとろうとすると「ここの写真は撮ってはいけません」、交流会で北朝鮮のイメージを悪くするような質問をしたとたん「彼らはこれからミーティングがあるそうです。だからこれで討論会を打ち切ります」と突然宣言したり。遠足や修学旅行で常に生徒たちを監視し、団体行動から外れるとガミガミ怒鳴る。そんなウルサ型の先生、というのが一〇年前の案内人のイメージにピッタリだった。だから何だかピョンヤンというところはピリピリとした空気が流れているところだ、という印象を多くの人が持ったはずである。

ところが今回はどのグループもほぼ例外なく人当たりのいい、そしてユニークな案内人および通訳が付き添っていた。僕が乗ったバスにはオ・ソンウさんとリ・マンスさんという二人の案内人が付き添った。オさんはまだ二〇代半ばの青年で、リさんは四〇代半ばから五〇代前半といった感じだ。儒教観念の強い国ということもありオさんはいつも「リ先生」と呼んでいた。このバスでは撮影禁止区域をのぞけば一度も、「写真はダメ」と言われたことがなかった。オさんもリさんも一〇年前の案内人と違って、頭ごなしに「〜してはいけない」とか「〜しなさい」と言うことは決してなかった。僕のバスは一〇代後半から二〇代前半の若者が多かったことから、オさんのことを面白い兄貴、そしてリさんを頼もしくやさしいお父さんとしてすぐに仲良くなった。これは一〇年前には考えられなかったことだった。

メーデースタジアム

反面、変わっていないなあ、と思わせるものもあった。

朝鮮劇映画撮影所の次に向かったのは万景台学生少年宮殿だった。ここでは子供たちが音楽、書道、絵画、彫刻などさまざまな芸術ごとに部屋に分かれてサークル活動を行なっている。外国からの訪問団は必ずこの場所を訪問させられる。そして子供たちの素晴らしい演奏を見る。そのときの子供たちの笑顔は、南浦でバスの窓越しに見た自然な笑顔ではなかった。ちょっと引きつった感じの、つくり笑顔だ。これと同じものを僕は一〇年前にも見せてもらっていた。そのときは質問タイムがあったので、参加者のひとりが子供たちに尋ねた。

「キミたちは大人になったら何になりたいの?」

最初の少女は次のように答えた。

「物理学の研究者になりたいです」

しかし次からの四人は、いずれも同じ答えを返したのだった。

「偉大なるキム・イルソン主席様にすべてをささげたい」

万景台学生少年宮殿で素晴らしい歌声を披露した３人の少女たち

今回はかけあし訪問ということと、訪問団員の数が五〇〇人ということもあって質問タイムはなかった。もし、質問の時間があって、やはり同じ質問をしたらどうだったのか。

「二一世紀の太陽キム・ジョンイル総書記にすべてをささげたい」

と答えただろうか。この後、宮殿の大コンサートホールでは少年少女によるオーケストラ、合唱団、舞踊団によるコンサートが披露された。とても子供とは思えない、ハイレベルの演奏には誰もがど肝をぬかれただろう。素晴らしい演奏には純粋に拍手を送りたい。でもときおり、キム・ジョンイル総書記の姿や言葉がバックのスクリーンに挿入されるのは気になる。そしてそのたびに僕ら訪朝団のさらに後ろに座っていた地元の人々（子供の両親かもしれないが、軍人の姿も散見された）から、ものすごい拍手がなりひびく。子供たちが歌っている曲の歌詞には、このようなものもあった。

「大元帥さま（キム・イルソンのこと）、ありがとう」

やはりこの国は本質的には変わっていない。この国を支えているのは偉大なる指導者キム・イルソン氏であり、その後継者のキム・ジョンイル総書記。彼らは讃美の対象であり、キム父子がいなければ人々もない……。そしてこういう体制を、とりわけ六七年以降ずうっと守り通してきたのが北朝鮮という国なのだ。

万景台学生少年宮殿のコンサートが終わり、ようやく訪朝団はホテルに連れていかれる。今回の宿泊先は羊角島国際ホテル。ピョンヤン市内を流れる大同江に浮かぶ羊角島という中州に建てられた四七階建ての大型ホテルだ。僕の部屋は二五階。部屋はエアコンがきいており、冷蔵庫にはちゃんとミネラルウォーターが入っている。この国では五つ星級ホテルであるに違いない。

窓の外にはピョンヤンの街並が夕日に照らされて、オレンジ色に輝いている。わずかな時間の滞在ではあったが、一〇年前に一度訪れているだけに、大ざっぱな土地勘はあった。正面にはツインタワーを持つ高麗ホテルが見える。そのすぐそばには僕が北京行き国際列車に乗ったピョンヤン駅があるはずだ。まるで宮殿のような人民大学習堂、大同江をはさんでその対岸には白亜の塔身と頂上に真っ赤なのろしを持つチュチェ思想塔。この塔はキム・イルソン主席の生誕七〇周年（八二年）を記念して建てられた。夜になるとのろしは赤くライトアップされ、午後一〇時まで輝き続ける。

人民大学習堂からやや後方に三角形の建物がある。しかも三角の頂上部の数階がつくりかけのまま放置してある。あれは柳京ホテル（柳京はピョンヤンの雅名）だ。一〇年前にここを訪問したとき、「あのホテルは来年（九二年）に完成の予定です」と言われたものだが、その後の経済的な苦況もあったのか、ついに二一世紀に入っても完成しなかった。一〇五階建ての巨大ホテルは、このままバベルの塔になってしまうのだろうか。

その柳京ホテルから視線を右に向けると大同江のなかに大きな島がある。綾羅島という。そしてそこには巨大なスタジアムが、肉眼でもはっきりととらえることができた。

「ああ、あれが一五万人収容のメーデースタジアムか……」

ピョンヤン市内には競技場が多い。いま僕がいるホテルのある羊角島にもあるし、その他にもキム・イルソン、東ピョンヤン、サッカー専用としては西山というスタジアムがある。しかし、パラシュート型の屋根を持つ独特な威容をそなえたスタジアムを、他のものと見間違えるはずはなかった。そしてここは、もし二〇〇二年ワールドカップのピョンヤン分散開催が実現したら、二試合が行なわれる予定のスタジアムなのである。観客席が一五万、しかもすべてのスタンドを屋根がおおっているという点では、ＦＩＦＡのワールドカップ用スタジアムの条件も充分クリアしている。

僕は羊角島ホテルの窓からメーデースタジアムを眺めながら、思った。

「やっぱりピョンヤンは、サッカーの都だったんだ……」

ピョンヤンのたそがれ。右のピラミッド型の建物が柳京ホテル

大同江の向こうにメーデースタジアムが見えた（右の塔はチュチェ思想塔）

15万人収容のメーデースタジアム。手前にはキム・イルソン主席を讃えるモニュメントが見える

サッカーの都いまむかし

朝鮮半島がアジアでも有数のサッカー強豪地帯となった歴史をひもとくとき、ピョンヤンの貢献ははかり知れない。サッカーというスポーツは、一九世紀に七つの海を支配したイギリスの船乗りが世界中に「輸出」したことはあまりにも有名だ。しかし朝鮮半島でサッカー輸入をすすめたのはキリスト教の宣教師だったという。半島南部は儒教の影響が強く新しい思想を受け入れる土壌が少なかったのに対し、ピョンヤンを中心とする北部は比較的柔軟だったこと。それに当時の李氏朝鮮（一三九二〜一九一〇年）の政界は南部出身者によってがっちり固められており、北部出身者が入りこむ余地がほとんどなかったことで、南部への不満が高かった。そのような事情が、キリスト教の浸透が南部よりも容易にいった理由としてあげられる。そして宣教師たちは、本人たちの思惑とは別にキリスト教とともにサッカーの伝導も行なっていくことになる。一九世紀末には神学校の学生たちがサッカーを行なっていたといわれ、日韓併合（一九一〇年）以後、強豪チームがいくつも結成されていくことになる。

ピョンヤンにおけるサッカーの隆盛はソウルにも影響を与え、ソウルでも続々強豪チームが誕生した。そして一九三五年の中止にいたるまで、平壌蹴球団と京城蹴球団（ソウルとは都の意味：日本統治時代、ソウルは京城と呼ばれていた）の対抗戦「京平戦」が毎年春と秋に、会場をソウルとピョンヤンでそれぞれ行なわれた。京平戦には常に熱心なファンが押しかけ、スタンドはものすごい熱気に包まれたという。しかしピョンヤンでの熱気は、常にソウルを上回っていたといわれる。ピヨンヤンの人々のサッカー熱はそれほどまでにすさまじかった。それではピョンヤンの人々は、どうしてサッカーにはまってしまったのか。大島裕史氏は著書『日韓キックオフ伝説』（実業之日本社）において次のように説明されている。

平壌をはじめとする平安道（ピョンアンド）地方の人たちの気性をたとえた言葉に、「猛虎出林」という言葉がある。さらに、この地方の人たちの信条として、「大同江の水を飲んだ者は、誰にも負けない」という言葉もあるという。

いずれも、平壌の人たちの闘志の強さを表現したものであり、この闘志の強さが、体と体をぶつけ合うサッカーというスポーツに向いており、かつ平壌サッカーの特色になっていると言われている。

京平戦は、単に朝鮮二大都市の対抗戦にとどまらなかった。このフィーバーぶりに刺激された半島各地のサッカー関係者は、我々もあのように、と郷土チームの育成に力を注いだ。その結果、地方にも強豪チームが誕生していく。それはとりもなおさず朝鮮全土のサッカーのレベルアップを意味し、日本の植民地支配のもと行なわれた「全日本」大会でもその実力をみせつけていく。

いまや正月の風物詩として欠かせない「全国高校サッカー選手権大会」だが、それが全国規模の大会になったのは一九二六年のこと。名称は「全国中等学校蹴球大会」であり、同年から朝鮮代表も参加することとなった。そして二八年に朝鮮代表となったピョンヤンの崇実中学は圧倒的な力で全国制覇を果たしてしまう。翌二九年は平壌高普が出場、惜しくも準優勝に終わったが、日本サッカーにとってもはやピョンヤンのサッカーは無視できない存在となった。そしてピョンヤン勢の活躍に刺激された朝鮮勢は、戦前の日本のサッカー大会のタイトルを何度も獲得していく。すでに朝鮮の選手は個人技にすぐれていた上に、日本人に比べて体格がしっかりして大きかった。その練習量も「一八〇分戦うつもりで練習していました。実際の試合は九〇分なのだから、その分、体力的に余裕ができ、速攻もできるし、パスも通るのです」(「日韓キックオフ伝説」)という驚異的なものだった。だから体力的に劣り、さらに体の小さな日本人のチームは、ほとんど太刀打ちができなくなっていった。

また、日本の植民地支配も朝鮮のチーム、そしてそれを応援する人々の意識にかなりの影響を及ぼしたと思われる。「サッカーだけは日本人のチームに負けるな」という意識は選手にあったであろう。そして日本に暮らす朝鮮からの留学生にとっても、朝鮮チームの活躍とその試合観戦を目的に同胞たちと集まることは、単なる観戦をこえて意味のあることであったはずだ。植民地支配を受けている国から来たということで日本ではさまざまな差別にあっていた留学生が、試合の時だけはスタジアムにいって日頃使うことすらできなかった母国の言葉で応援し、しかも目の前で日本人のチームをコテンパンにやっつける……。いわばスタジアムとは留学生たちにとって自分たちのルーツを確認する場であり、そして日常の植民地支配に対するうっぷんのはけ口だったのである。

「サッカーで日本にだけは負けられない」

「日帝三六年の恨みをここで晴らす」

戦後、日本に対する韓国代表のパワーの根源をこういう点に求める説明が何度もなされたが、それはすでに戦前の大会に顔を出していたといえるだろう。

太平洋戦争で日本が無条件降伏し朝鮮半島が植民地支配から解放されたのもつかの間、南北分断、そして朝鮮戦争が起こる。しかし朝鮮戦争の終結からわずか一年後（厳密に言えば七ヵ月後）、韓国はワールドカップ極東予選で日本を五対一、二対二（会場はいずれも東京）と撃破しスイス大会に初出場を果たしている。以後、九〇年代初めまで韓国は日本を圧倒し続けることになる。

千里馬運動でワールドカップへ

一方の北朝鮮はどうだったか。朝鮮戦争のダメージは韓国同様、きわめて大きかった。しかし休戦後の社会主義国家建設は驚くべきピッチで進められた。僕のバスに同乗していた通訳のオさんは言った。

「朝鮮は国の復興のため、人民も休みなく働きました。戦争であまりにも破壊が大きかったので、普通のやり方ではダメだ。ほかの国の人が一里歩くとき、私たちは千里走らなければならない。朝鮮には一日に千里を駆ける名馬の伝説があります。そこでキム・イルソン首相は我々も『千里馬』になろう、と呼びかけて再建運動を進めたのです。こうして皆様が見ているような、立派なピョンヤンの街が建設されたのです」

千里馬運動は国土復興だけを目的としていなかった。韓国が出場を決めたスイス大会が行なわれる五四年六月、内閣直属の体育指導委員会が組織され、スポーツ界の再建も動きだしていたのである。こうして「かつてのサッカーの都」は急速に復旧の道を歩んでいった。五九〜六〇年の冬に共同通信記者として北朝鮮を訪問した村岡博人氏（五四年の日韓戦のゴールキーパーだった）は『サッカーマガジン』（ベースボールマガジン社）の六六年八月号に、北朝鮮サッカー事情を寄稿している。

競技場も一〇万人を収容する平壌のモランボン競技場をはじめ、三万人以上を収容できるスタンドを持ったグラウンドだけで一〇〇をこえ、観客席のないものを加えると正規のサッカー場だけで約三〇〇〇を数えることができる。

サッカーのチームは全国で約七〇〇〇、選手は二五万人といわれ、国際試合に出てもはずかしくない一級チームだけでも、「モランボン」「平壌」「労働者」「二・八」「機関車」「月飛山」「鴨緑江」など二二を数えることができる。これらのチームはリーグ戦をやっており、平壌の場合はリーグが一部から五部まであり、成績によって入れ替えが行なわれる。

植民地支配下のサッカー熱を引き継いだ北朝鮮では、サッカーは単なるスポーツ競技としてはみなされなかった。サッカーの国際舞台での成功はすなわち「千里馬」運動の成果を世界に誇示する絶好のチャンスであった。そして敵国・韓国よりも優勢に立つことが目標とされた。そしてその舞台をサッカーのワールドカップ大会にしぼった。日本ではまだオリンピックが最大の目標とされ、ワールドカップの知名度が低い時代である。こうして将来のワールドカップ出場をにらんで代表チームが準備されていった。そして六三年に、三年後のイングランド大会をにらんだ北朝鮮代表チームが構成されたのである。

六六年イングランド大会では、アジア・アフリカ・オセアニア地域にはたった一つの代表枠しか与えられなかった。これらは「サッカー後進地域」(当時は実際にそうではあったが)とみなされ、完全になめられていたのである。これに抗議してアフリカの一五ヵ国は予選参加をボイコットした。当時アマチュア至上主義の風潮が支配していた日本も、ワールドカップ出場がアマチュア規定に触れることを恐れて不参加。日本は二年前の東京オリンピック(六四年)でアルゼンチンを破って準々決勝に進出するほどの実力を備えていたので、歴史や勝負事に「もし」は禁句なのだが、この予選にエントリーしていればワールドカップ初出場は九八年ではなく、その三二年前に実現していたかもしれない。ワールドカップ・スイス大会出場国の韓国は、東京オリンピックでの大敗による自信喪失などを理由に不参加を決めた。

こうしてアジア・アフリカ・オセアニア地域でエントリーをしたのは北朝鮮とオーストラリアのたった二ヵ国となった。そして本大会出場をかけた二試合は、本来なら参加国のホーム・アンド・アウェイ方式で行なわれるべきだったが、この時は中立国のカンボジアのプノンペンで開催されることとなった。下馬評ではオーストラリア優位、という見方が多かった。しかし結果は六対一、三対一と北朝鮮の完勝。韓国に次いでワールドカップ・アジア代表の座を射止めたのである。このことはサッカー界でもちょっとした驚きをもって迎えられたが、実は当然の結果だったかもしれない。オーストラリア戦の直前まで三〇試合の国際試合を経験した北朝鮮は、二九勝一敗という成績を残していた。代表の大きな試合のある日はピョンヤンの政府機関がほとんど停止したともいわれる。予選の行なわれた年は、国内リーグを中止にした。北朝鮮政府は代表チームのワールドカップ出場に、国のすべてをかけていたのである。先に日本の出場もありえたのでは、と書いたけれども、この北朝鮮が相手ではかなり難しかったとも思われる。そしてプノンペンでの試合を観戦したFIFAのラウス会長は「北朝鮮はバカにできない」と世界サッカー界に向けて発言した。しかし当時、その発言をまともに受けとめる者はほとんどいなかった。

「神秘のチーム」の快進撃

イングランドサッカー協会のあるイギリスは当時、北朝鮮と国交がなかった。しかし北朝鮮選手団の入国を認め、正式国名の「朝鮮民主主義人民共和国」(DPR KOREA)は使用せず、「ノース・コリア」の名称を使うことにしたが、北朝鮮国旗の掲揚は認められた。実は北朝鮮は六四年の東京、この後の六八年のメキシコでのオリンピックには「ノース・コリア」ではなく「DPRK」の使用を求めて受け入れられず、参加を取り止めている。自分たちが朝鮮半島の本当の代表政府であり、南はアメリカのあやつり人形とする立場の北朝鮮にとって、「ノース・コリア」は「サウス・コリア(韓国)」の存在を認めることを意味した。だから不参加という態度をとってまでも正式名称にこだわったのだ。ところが六六年イングランド大会だけは「ノース・コリア」でも参加を受け入れている。それだけピョンヤン政府のワールドカップにかける熱意というのが高かったのではないだろうか。

この大会、北朝鮮はグループリーグ第四組に入った。同居していたのは、五八・六二年と二大会連続でベスト8入りしている強豪ソ連、前回の地元開催大会で三位に輝いたチリ、そして三四・三八年大会でワールドカップを二度獲得しているイタリア。イギリス人は何でも賭けの対象にしてしまう、といわれるほど賭け事が好きだが、この大会もどこが優勝するか、ということで出場国すべてに賭け率がつけられた。六〇年代といえば米ソの東西冷戦のまっただなかであり、社会主義国家でしかもヨーロッパと交流の少なかった極東のチームの情報はほとんどなかったため北朝鮮は「神秘のチーム」と言われた。神秘とは、実力は問題外、ということでもあり賭け率は五〇〇対一の「大穴」だった。練習が公開されると、なかなかやるな、ということで一〇〇対一と倍率は下がった。それでも五八・六二年と二大会連続世界一に輝き、その際に活躍した「神様」と呼ばれたペレを擁して史上初の三連覇を目指していたブラジルの賭け率が二対一だったことを考えれば、やはり相手にされていなかったといえよう。それはそれで無理のない話であった。五四年スイス大会の韓国はハンガリーに〇対九、トルコに〇対七と完敗して姿を消している。北朝鮮もイングランドに向かう途中でハンガリーと練習試合を行なっているが〇対七という惨敗を喫しており、三つの強豪とあいまみえる本大会第四組では、一点をとっただけでも大健闘、という見方が有力だったのである。

第一戦、北朝鮮はそんな予測どおりソ連に〇対三で敗れた。ところが第二戦で、前回三位のチリと一対一で引き分けてみせてから、そのサッカーは徐々に注目を浴びることとなる。しかしこの時点でソ連二勝（四ポイント）、イタリア一勝一敗（二ポイント）、チリと北朝鮮は一引き分け一敗（一ポイント）であり、北朝鮮はグループ突破のためにはイタリアに勝って二ポイント加えなければならなかった。もちろんそんなことは無理だろう、と世界中のサッカーファンは思っていた。

イタリア対北朝鮮の試合はイングランド北部のミドルズブラに一万八七二七人の観衆を集めて行なわれた。北朝鮮はすでにこのスタジアムで三試合目であり、そのひたむきともいえるフェアプレイぶりにミドルズブラのファンはいつしか極東の国交のない国からやってきたチームに声援を送るようになっていた。その声援に応えるかのように北朝鮮の小柄な選手たちはイタリアの守備陣を常に圧倒した。イタリアの選手たちは、北朝鮮のすばしっこさ、そしてその運動量に驚かされた。戦前の、一八〇分戦うつもりで練習していたから実際の九〇分の試合では体力的に余裕がある、という猛練習は伝統として残されていたのか。とにかくペース配分などはなっから無視したような「非常識」な動きの前に、イタリアは防戦一方に追い込まれていく。イタリアにとって悪いことに前半三四分、ジャコモ・ブルガレッツリが相手選手にファウルアタックをしかけた際、逆に自分の膝を痛めて退場してしまったのである。実はこの六六年大会まで、試合途中の選手交替はいっさい認められていなかったから、イタリアは一〇人で残り時間を戦うはめになったのである。

そして四二分、北朝鮮のパク・トゥイクがジャンニ・リヴェラにタックルしてボールを奪うとドリブル突進、クロスの鋭いシュートをイタリアゴールめがけて打ち込んだ。鋭い弾道はゴールキーパー、アルベルトシを越えてゴールネットを揺らした。誰もが予想しなかったことだが、北朝鮮が先制！　後半の四五分もタフな北朝鮮選手がフィールドを駆け巡り、アルベルトシはシュートの雨あられを防ぐのに大わらわとなる。そしてタイムアップ。北朝鮮一対〇イタリア。世界各国から集まった記者たちは「五〇年ブラジル大会でアメリカがイングランドを破ったのに匹敵する大番狂わせだ」と打電した。そして翌日、ソ連がチリを破ったことによって北朝鮮の第四組二位通過が決定した。

立ちはだかった「黒豹」

準々決勝、リバプールのグディソン・パークで北朝鮮はポルトガルと対戦した。ポルトガルは三連覇を目指していた優勝候補ブラジルをグループリーグで三対一で蹴散らし、その野望を砕いていた勢いがあったはずだった。ところが開始一分、北朝鮮のパク・スンジンがペナルティーエリアの端から放ったシュートが決まって電撃的に一点をもぎ取った。二一分、ポルトガルにミスが出た。ゴールキーパーのペレイラがクロスボールの処理を誤ったのだ。それを見逃さなかったリ・ドンウンがきっちり決めて二対〇。スタンドをうめつくした五万一七八〇人の観衆は北朝鮮の波状攻撃に酔い、「WE　WANT　THREE！（三点目を入れろ）」と連呼した。その声援に北朝鮮は見事にこたえた。わずか一分後、浮き足立ってしまったポルトガル守備陣をあざわらうかのようにヤン・ソングッが三点目のゴールを奪ったのだ。

「アンビリーバブル！（信じられないことだ）」

実況のアナウンサーはそれ以外の言葉が見つからない。

「コーリア、コーリア！」

リバプールの観衆はただただ絶叫をくりかえすのみである。大会前までは「えたいの知れない神秘のチーム」としか扱わなかったチーム、しかも国交のない「謎の国」からきたチームと好奇の目で見られていたチームは、いまや大会の中心にいたといっても過言ではなかった。サッカーの母国で開催されたワールドカップは、ここまで荒々しいファウルが目立つ大会となっていた。神様ペレもファウルによって退場を余儀なくされ、それとともに芸術的なサッカーを見せてきたブラジルも姿を消していた。ところが北朝鮮はいつもフェアプレイだった。イングランドのファンも「これこそがサッカーだ」と北朝鮮サッカーに好感を持ち、それがポルトガル戦の序盤における猛攻撃で爆発したともいえた。

しかしそのフェアプレイ精神が、あだになろうとは。それが勝負の皮肉というものであり、厳しさではあるのだけれど。三点のリードがあれば、あとは守りに徹すればよかったはずだったし、現代サッカーではどんなチームでもそうするであろうし、それを非難されることはありえない。しかし攻撃精神に貫かれた北朝鮮は、さらなる得点を求めて敵陣深く分け入っていく。日韓サッカーの歴史や北朝鮮サッカーにくわしい在日コリアンのジャーナリスト、カン・ヒボン氏は言う。

「北朝鮮のサッカーは、激しい、の一言ですね。たとえばタックルが来たら、普通はよけますよね。ところが北朝鮮では違う。あえてそれを受けるんですよ。もし逃げたりなんかしたら、『弱虫、それでも男か！』って怒鳴られるのは当たり前なんですね」

そんな攻撃的な北朝鮮の勢いを止めたのが「黒豹」の異名を持つストライカー、エウゼビオだった。ポルトガル植民地のモザンビークで生まれた彼は、ブラジル戦では二得点を挙げて彼らに引導を渡していた。北朝鮮の猛攻の前に消えかかっていた黒豹は、三失点を喫した五分後から暴れだす。二八分、エウゼビオのゴールがポルトガルをよみがえさせる。前半残り三分、ペナルティーキック（ＰＫ）を得たポルトガルは再びエウゼビオが冷静に決めて二対三。ここで前半が終了。しかし勢いは明らかにポルトガルに移っていた。後半一五分、エウゼビオのハットトリックで三対三の同点。そして黒豹は続けて左サイドを軽やかに突破、ペナルティーエリアに入ったところで倒されて再びＰＫ。エウゼビオはまたもやこれを決めて、ついにポルトガルが逆転。さらにダメ押しの五点目が入り、北朝鮮もここでついに力尽きた。五点のうち四点を挙げたエウゼビオはイングランド大会の得点王（九点）に輝き、この年のヨーロッパ最優秀選手にも選ばれている。

北朝鮮は敗れたとはいえ、多くの称賛を集めた。イングランド大会の主役のひとつであったことは間違いない。そしてピョンヤン政府の目的どおり、北朝鮮という国の威信を世界的に高めることに成功したのである。ちなみに北朝鮮がイタリア戦で挙げた一勝は、九四年アメリカ大会でサウジアラビアがモロッコを破るまでアジア勢唯一の白星であった。北朝鮮の活躍は、北朝鮮だけを利したのではなかった。この北朝鮮旋風の影響で、ＦＩＦＡは七〇年メキシコ大会からはアジアに一、そしてアフリカに一の出場枠を与えたのである。そして北朝鮮の進撃にもっともショックを受けたのはほかならぬ韓国であった。国際舞台で北に先んじられ、さらに六八年のメキシコオリンピックで日本サッカーが銅メダルに輝いたことで、韓国は軍隊チームに好選手を集め、これまでにない集中強化を始めたのである。「北に負けるな、日本に負けるな」と強化を続けた結果、韓国は八〇年代にはアジア最強国として登場することになる。そして九〇年代に今度は日本が「打倒韓国」を当面の目標としてアジアの強豪にのしあがっていく。

こうしてみると戦前のピョンヤンサッカー、そして六六年大会での北朝鮮代表の躍進はその後の日韓サッカー発展に大きく寄与していることに気づく。そして、「韓国は日本のワールドカップ出場に立ちはだかってきた」とはよく言われるが、実は北朝鮮もそうだったのだ。たしかに五四年のスイス大会、六二年のチリ大会、七〇年メキシコ大会、七八年アルゼンチン大会、そして八六年メキシコ大会の予選ではいずれも韓国の前に日本は引導を渡されている。しかし八二年スペイン大会、九〇年イタリア大会では北朝鮮に敗れて、ワールドカップ予選から姿を消している。アジアでは五四・八六・九〇・九四・九八年に韓国が、そして九八年に日本は悲願のワールドカップ初出場を果たし、二〇〇二年は開催国として両国が予選免除で出場する。ところが北朝鮮は、六六年の大活躍を最後にワールドカップには一度も出場していない。それどころか九三年のアメリカ大会予選を最後に、ワールドカップはおろか国際舞台からも姿を消してしまったのである。

「やっぱりピョンヤンはサッカーの都なんだ……」

羊角島ホテルの窓から眺めるピョンヤンの街並は次第にオレンジ色から薄暗い色に変わっていく。二〇〇二年ワールドカップの会場となるかもしれないメーデースタジアムも、徐々に迫ってくる闇のなかに消えつつある。

ピョンヤンで売られていた北朝鮮発行のワールドカップ記念切手

北朝鮮のサッカー、まぼろしの強豪はいまどうなっているんだろう。それを少しでもいいから知りたくて、この国にやってきてしまった。何がわかるかは、まったく分からない。何も分からないかもしれない。だけど今でもピョンヤンはサッカーの都、という空気を少しだけ感じられたとき、ここに来てよかった、と思った。

ドーハの光と影

九月一日。晴れ。日差しはとても強い。この日、五〇〇人の訪朝団はいくつかのテーマごとにわかれて、それぞれのツアーに出かけていく。どんなテーマがあるのかといえば「家庭訪問」や「協同農場訪問」、そして朝鮮四大名勝のひとつに数えられるという妙香山に行くコースもある。僕は迷わず「サッカー交流」というコースを選んだ。このコースなら、北朝鮮のサッカーのいまを少しでも知ることができるかもしれない、というかすかな希望があったし、何よりも難しい話は抜きにして、ボールひとつで北朝鮮の人たちとコミュニケーションしてみたいという気持ちもあった。サッカー交流に参加したのは僕を含めて二七人。ほとんどが一〇代後半から二〇代前半の若者だ。女性は五人。僕よりも年上の方は二人で、そのひとりは六〇歳の高齢ではあったが、サッカー経験者の紳士だった。

バスが目的地であるサッカー競技場に着くまでに、まだ少し時間があるようだ。僕はピョンヤンの街並を見ながら、八年前のことを思い浮べてみた。

一九九三年一〇月。ペルシャ湾岸にある国、カタール。巨大なアラビア半島から、まるで小指のように頼りなげに突き出た半島国家がカタールだ。その首都ドーハでは、翌年にひかえたＦＩＦＡワールドカップ・アメリカ大会のアジア地区最終予選が行なわれていた。

僕は日本代表のワールドカップ初出場という歴史的瞬間を見るためにバンコク経由で、この中東の小国へ飛んだ。そして一〇月二五日、日本が宿敵・韓国を一対〇で破るという「快挙」に遭遇した。これまでワールドカップ予選の歴史を通じて、日本は韓国にやられっぱなしであった。きょうの白星が史上初めてだったのだ。隣で声を枯らして日本を応援していたオジサンは、うれし涙で顔をくしゃくしゃにしていた。日本勝利の余韻にひたりたく、僕は直後に行なわれた第二試合を見ながらスタンドにたたずんでいた。

第二試合に登場したのはイラン、そして北朝鮮であった。ここまでの北朝鮮は、緒戦のイラク戦で二点をリードされてから三点を挙げて逆転勝利を収めたほかはいいところがなく、四日前の日本戦も〇対三で完敗だった。この試合も一点を先制するが、現在はドイツのブンデスリーガで活躍するアリ・ダエイを擁し攻撃力に勝るイランに二点を奪われ逆転負けした。しかし北朝鮮の選手のスピードやフィジカルの強さはイランに決して劣ることがなく、さすがに最終予選に勝ち残ったチームであることを見せつけた。

何よりも印象的だったのは、北朝鮮の応援だった。朝鮮半島の伝統楽器であるチャンゴの鐘が鳴り響き、民族衣装のパジ・チョゴリを着た男性が踊っていた。最初は「北朝鮮から来たのか？」と思った。だけど北朝鮮の国情から考えても、それは至難のわざだった。実は在日朝鮮人の応援だったらしい。その少人数の応援に、何と韓国のサポーターが加わって三八度線の北に分断された国からやってきた同胞のプレーに声援を送っているではないか。僕は、日本の勝利に酔うはずだったのが、南北コリアの一体となった声援に、思わず感無量になっていることに気がついた。砂漠のうえに浮かぶ月が美しい、ドーハの夜だった。そしてこれが、北朝鮮代表を見た最後の夜になろうとは、このときは夢にも思わなかった。

日本のアメリカ行きが夢と消えた「ドーハの悲劇」。僕はロスタイムのイラクの同点ゴールが決まった瞬間、まさに日本ゴールの真裏にいた。この同日（一〇月二八日）、別のスタジアムでは北朝鮮と韓国の対戦が行なわれていた。結果は三対〇で韓国が勝ち、この勝利によってポイント数で日本を逆転しアメリカ行きを決めた。そしてこの試合を最後に、北朝鮮は国際舞台から姿を消した……。

サッカーを国技とする北朝鮮。ワールドカップ史上、アジアのチームでたったひとつだけグループリーグを突破した北朝鮮。その強豪がこつぜんと姿を消したのだ。その理由は、同胞にしてもっとも負けてはならない相手・韓国に完敗を喫したことであったという。それだけピョンヤン政府にすれば、ドーハの悲劇などよりもショックの大きな敗戦だったのだ。国民の間でもっとも人気があり、政府は「国家の栄誉」を世界にアピールする手段としてとりわけ重要視している競技がサッカーだ。イングランド大会のように好成績を残せば、選手は英雄となる。しかし一敗地にまみれたら……。

「国際舞台で好成績を収められる競技しか、エントリーを認めない」、「勝てないサッカーチームは国の恥だから、国際舞台には立たせない」という国家の方針で、北朝鮮代表は「まぼろしのチーム」となった。

二〇〇〇年八月二〇日付けの「朝日新聞」に、北朝鮮スポーツ事情という興味深い記事がある。そこでは、国際舞台から消えた北朝鮮代表がその後どうなったか、を北朝鮮の元総合体育団サッカー団長で、現在は韓国プロサッカーリーグ競技委員を務めるユン・ミョンチャン氏が説明している。

　政府の上層部が、勝てなくなった代表を解体。世代交代をして勝てる代表ができあがるまで訓練させるためだった。

ちなみにユン氏は「国際経験なしには勝てるチームはできない」と政府の決定に反対し、それがもとで団長を解任された。そして九九年四月に韓国へ亡命した。

西山サッカー競技場にて

バスは青春街スポーツ村にある西山サッカー競技場に着いた。

この「サッカー交流」コースは、実は前日までどこを訪問しどこのグラウンドでどのチームと試合をするのか、ということが僕たち参加者にまったく知らされていなかった。このコースの担当スタッフによると、最初につめたスケジュールから変更が相次ぎ一から作り直している状態、

右：平和対親善の形式で日朝サッカー交流が始まった（ピョンヤン・西山スタジアム）
左：照りつける陽射しのなか声援を送るキム・イルソン総合大学の学生たち

ということだった。他のツアーでも似たような状況だったというから、この国では別に珍しいことではないらしい。

変更の余地があるなら、と僕はメーデースタジアムの見学をリクエストした。これは他の参加者も興味を示し、そこで試合ができないまでもぜひ見てみたい、ということになった。二〇〇二年ワールドカップの会場となるかもしれない、しかも一五万人という大観衆をも軽く飲み込んでしまうスタジアムは一度この目で見てみたかった。

しかしメーデースタジアム見学は「スケジュールがいっぱいなので時間がとれません」との理由で却下された。そして対戦相手も大学生チームで、しかもピースボートとの対抗戦ではなく混合チームどうしの試合形式ということが当日になって知らされた。しかも試合は午前中に行なうとのことである。

西山サッカー競技場は、二万五〇〇〇人を収容するスタンドを持っている。そしてフィールドには青々とした天然芝が広がっている。ゴール裏に取り付けられている大型の電光掲示板にはハングル文字で「ピョンファ（平和）対チンソン（親善）」という文字が映し出されている。そして主審一人と副審二人の計三人のレフェリーが用意されている。世界各地で国際交流を行なってきたピースボートは、参加者でサッカーチームをつくり、さまざまな寄港地で地元チームと数々の親善試合をこなしてきた。しかしこれほど立派な会場で、しかも本格的な環境のなかで行なわれた試合はかつてなかったという。

そしてキム・イルソン主席の肖像画が飾られ、勇ましいスローガンがかかげられたスタンドには二〇人ほどではあるが観客の姿さえあった。それはキム・イルソン総合大学の学生たちだった。男子学生と女子学生半々の割合だ。この日のサッカー交流に参加するのはキム・イルソン総合大学のサッカー選手たちなので、応援にかけつけたのだという。そしてフィールドとスタンドの間にはトラックがあるために距離が離れているから、ということで引率の先生が全員をベンチの横まで下りてくるように指示した。

平和チームと親善チームはピースボートと大学生からそれぞれ半分のメンバーを出しあってにわかに結成された。試合形式は三〇分ハーフのトータル六〇分。ピースボートからは前半は腕に自信のある若者をそろえ真剣勝負、後半に女性や年配者を登場させてサッカーを楽しむ、ということにした。

いよいよキックオフ。ベンチ横に陣取った学生たちは鐘や太鼓を打ち鳴らして、にぎやかに雰囲気を盛り上げる。そして大学生が先制点を入れると、日本の三三七拍子のようなリズムで鐘を打ち、「ワ〜ッ」と歓喜の声を上げる。それを見ていて、僕の脳裏にはドーハのスタジアムでの北朝鮮の応援が、まざまざとよみがえってきた。前半ベンチを温めていた僕は、大学生たちのプレーにドーハでの代表選手たちの動きを重ねあわせていた。もちろんスピードもフィジカルの強さも、代表と大学生では天と地ほどの違いがある。それに大学生チームは、とりたててものすごい動きをしているわけでもなかった。

「彼らはそれほどうまいというわけじゃなかった。あれだったら僕らピースボートチーム対大学生チームで戦ったとしても、かなり面白かったんじゃないかな」

前半終了直後、ピースボートの若者が言っていた。

しかし今日はテクニックははじめから度外視していた。九三年をもって国際舞台への道を閉ざされた北朝鮮のサッカー選手たちは、どんな気持ちだったのだろう。九八年のフランス大会での活躍を夢見ていた若者も、サッカー選手としてなら当然、いたはずである。キム・イルソン主席様の指令だから、これに従うのは当然、と思っただろうか。それとも、心のなかでは「無念」とやっぱり感じただろうか。

そういう「サッカー鎖国」が八年間も続いていたこの国だから、北朝鮮の若者がはつらつとプレーしている姿が目の前でくりひろげられているだけでも、僕は心からうれしかった。ハーフタイム、ピースボートの参加者と大学生たちは女子学生が奏でるアコーディオンの調べに乗せて一緒に踊りだした。だれが音頭を取るわけでもなく、それは自然に始まった。

後半、僕は西山スタジアムのピッチに立った。ふかふかとした芝生の感触が心地よい。僕の出番はわずか一〇分にすぎない。その間、言葉が通じないことから守備の連携が乱れて点を失うという場面もあった。それでも僕が大学生にパスを出した瞬間、何かが通じあった気がした。大学生が同点シュートを決めたとき、僕は彼とハイタッチをした。そしてまだ出番のなかった女の子と交替した。

試合は四対四の引き分けで終了した。試合終了のあいさつもそのままにピースボートの参加者、大学生選手、そして最後までにぎやかな応援をやめなかった応援団たちとピッチのうえで手をつなぎ輪になって踊った。別れの瞬間、お互いの選手どうしが「カムサハムニダ（ありがとう）」と声をかけあいながら握手をかわす。試合をしたのはたったの六〇分間。それなのにとても別れがたい気持ちになっていた。彼らといろいろな話をしたいと思った。しかしスケジュールの都合ですぐにスタジアムを出なければならない、ということでそれは無理だった。

ピースボート参加者を乗せたバスと、大学生を乗せたバスがほぼ同時にスタジアムをあとにする。僕らは彼らのバスにむかっていつまでも手を振っていた。大学生も僕らに手を振り返していた。スタジアムが見えなくなったとき、僕の隣の座席に座っていた青年が言った。彼は前半に素晴らしいシュートを決めていた。

「今度は彼らを日本に呼んで試合をしたい。彼らの航空券代は僕らでカンパしてでも出すから。日本とこの国は国交がないけど、スポーツ交流までできないことはないでしょう？」

いつもは冗談を言って周囲を笑わせる存在の彼が、この時ばかりは真剣で、どことなく悲痛な表情になっていたことがいまでも忘れられない。

日本と北朝鮮の間には、政治的に難しい問題が山ほど横たわっている。悲しいことに、そういった政治の問題が、サッカーをはじめとしたスポーツの交流をも阻んできた。しかし、たったいま、僕らは確信したのだ。ボールを純粋に追いかける者に、国交がないことも政治問題も関係ないのだと。西山スタジアムでの六〇分、ピースポートの参加者もキム・イルソン総合大学の選手も応援していた学生も、ひたすらボールの行方に熱狂し、ゴールに歓喜していたじゃないか。

北朝鮮サッカー事情二〇〇一

僕がピョンヤンでもうひとつ知りたいことがあった。

それは消えた強豪・北朝鮮のサッカー事情であった。

ただし滞在日数が限られているうえに、サッカー交流以外の時間にその関係者に会って話を聞くことはできない。自由行動ができないこの旅では、条件があまりにも悪い。

それでも案内人リさんの協力もあって、少しは北朝鮮サッカーのいまを垣間見ることはできた。

■北朝鮮には日本のJリーグのようなプロリーグはあるのか？

プロリーグは存在しない。ただし道（日本の都道府県に相当）別チームの対抗戦や大学選手権は行なわれている。北朝鮮では年に三つの大きな大会が開催され、道を代表するチームや大学チームがしのぎを削り、国民も熱狂するという。三つの大会とは、

二月一六日から始まる白頭山カップ

四月一五日から始まる万景台カップ

九月九日から始まる全国選手権

のことである。ちなみに二月一六日はキム・ジョンイル総書記の誕生日、四月一五日はキム・

イルソン主席の誕生日、そして九月九日は北朝鮮の建国記念日である。白頭山はキム・イルソン主席が率いた抗日革命の聖地とされている。万景台はキム・イルソン主席の生誕地だ。チームには、たとえば日本のように「浦和レッズ」と地域名がついているわけではなく、「稲妻」とか「雷」といったいわゆるあだ名がついている。

「皆さんがお帰りになったあとですが、九日から全国選手権が始まりますよ。これはピョンヤンで行なわれ、メーデースタジアムも西山スタジアムもすべてその会場になります」

と、自身もかなりのサッカーファンであるリさんは九日が待遠しい、といった口調で言った。

七年間のブランクは北朝鮮サッカーを弱くはしたが、強化には役立たなかったのでは？

「そんなことはないですよ。毎年国内で選手権を開いて、いい選手を育てています」

リさんはやんわりと僕の質問に反論した。

北朝鮮スポーツの特徴は、かつての社会主義国家がそうだったように、そして現在の中国やキューバなどがそうであるように幼少時からの英才教育である。北朝鮮が六六年イングランド大会で活躍した素地も、五〇年代後半からの国内での英才教育にあったという。西山サッカースタジアムのある青春街スポーツ村にはバスケット、卓球、テコンドー、バトミントンなどあらゆるスポーツのための立派な施設がそろっており、僕らがサッカー交流する直前にいくつかを見せてもらった。そこでは国内各地から選ばれた金の卵が、ひたすら練習に打ち込んでいた。国際スポーツ大会での成績が国家の威信を左右する、と考えている北朝鮮は、上位進出有望と思われる競技の選手強化には国を挙げてバックアップする。

「サッカーも将来を見据えて、いま準備しているところです」

しかし、現代サッカーは三五年前のイングランド大会のサッカーとは大きな変貌を遂げている。戦術も年々進化している。日本の例を見ても分かるように、一〇代の頃から国際経験を豊かに積んだ世代が台頭して代表のレベルは一気に上がった。ドーハの頃の代表チームも「強い」と期待されたが、あれから八年、いまの代表のほうがはるかにテクニックや経験で上回るし、何より大舞台慣れしている。さらに中田英寿や名波浩がイタリアでプレーすることでさらにいい選手になったように、小野伸二がオランダ、西澤明訓がスペインとイングランド、稲本潤一がイングランドとヨーロッパの一流リーグでもまれてくることによって代表のレベルはさらに一段とアップするはずだ。

それに対し北朝鮮は「鎖国」が続いた。国際試合を一切行なわず、才能のある選手を日本や韓国のように海外に送ることもしない。もはや国内での育成だけでは代表チームが世界で勝てない時代なのでは、と問うと「大丈夫ですよ」とリさんから一言だけ返ってきた。ちなみに北朝鮮は二〇〇〇年、同年一〇月に中東のレバノンで行なわれるアジアカップの予選に、七年ぶりにサッカー代表を送り込んだ。結果は、過去にあまり実績のないタイに敗れて予選落ちしている。六六年の再現を起こすには、まだまだ道のりは険しい。

北朝鮮における「イスラエル人」

六六年イングランド大会の栄光は、まだピョンヤンっ子の記憶に強く息づいている。西山スタジアムでのサッカー交流が終わり、バスで市内に移動しているときのこと。リさんとサッカー談義となった。そのときやはり六六年大会の話になった。

「六六年のワールドカップでの対ポルトガル戦はすごい試合でした」とリさん。

「ああ、三対〇でリードしていたのに五点取られた試合ですね」と僕。

「そうです。よくご存じですね。とにかく黒人の選手にやられました。たしか名前は」

「エウゼビオ」

「そうそう、エウゼビオですよ。あの黒人に四点も取られたのです。たしかにあの選手はいい選手だったと思います。でもわが国が負けたのは彼によってではありません」

「といいますと?」

「あの試合、前半二〇分くらいまでは完全にわが国のペースだったのですよ。ところが三対〇とリードした直後からまったく別の試合になってしまいました。原因は審判です。イスラエル人の主審でしたが、彼はことごとく我がほうに不利な判定を行なったのです」

「それで世紀の大逆転劇が生まれたと」

「そうです。いまでも私たちはそう思っています。我々はそのイスラエル人主審のことを不満に思って、いまなお『発言をすぐひるがえす人』のことを『イスラエル人のようだ』と言うくらいですよ」

問題の試合からすでに三五年の月日がたっている。それでも人々はリバプールでの試合のことを、たとえに取り入れるほど忘れてはいない。さすが「サッカーの都」の伝統はすたれていない、と思うとちょっとおかしくなった。
ちなみに六六年に活躍した代表選手たちは、現在コーチや役員として北朝鮮サッカーの重鎮になっているという。一度お会いして、当時の話などをうかがいたいものだがそれは今後の宿題となった。
『ワールドカップ物語』（ベースボールマガジン社）の筆者である鈴木武士氏は、七二年に北朝鮮を訪問し、イタリア戦で決勝ゴールを挙げたパク・トゥイク選手にインタビューしており、その模様が少しだけ前述書に出ている。パク選手の言葉は、サッカーというものをそのものずばり表現していると思われたので、ここにあげておきたい。

「あなたにとってサッカーは」の月並みな質問には、「まず大衆的なスポーツ、ということを強調したい。外国にもたくさんの友達ができるスポーツだし、民族の誉れを広めるのにもいい種目です」と答えた。

西山サッカースタジアムで交流試合を行なってきたばかりの僕にとって、「外国にもたくさんの友達ができる」というパク・トゥイク氏の言葉は、非常に共感できた。そして「民族の誉れを広める」という部分にも、いい意味でも悪い意味でも思い当たることが多い。その例が、まさに北朝鮮であろう。「国家の誇り」を獲得した六六年イングランド大会での称賛、そして韓国に屈辱の敗北を喫した「国家の面汚し」代表に七年間の沈黙を強いたこと……。

外国にたくさんの友達をつくるためにも、そして日本とコリアが世界に胸を張るためにも二〇〇二年は日韓だけでなくピョンヤンでもワールドカップを、そしてフィールドに南北コリアチームが、スタンドには合同のサポーターがいることを願わずにはいられなかった。

第3章 「ひとつのコリア」チーム

「サッカーで統一なんて、そんななまぬるい……」

北朝鮮の特殊部隊長は、そう吐き捨てた。

二〇〇二年ワールドカップに統一チームを結成するという目的で、韓国のスタジアムで南北交流試合が行なわれる。スタジアムには南北の両首脳が参列し、お互いの手を取り合って観客の声援に応えようと高くかかげる。

だが、そのような華やいだムードのなかで不穏な動きが。南北分断にピリオドを打とうと、武力統一をめざす北朝鮮の特殊部隊が両首脳の暗殺をひそかに企てていたのだ……。

統一コリアで世界一に

韓国で一〇〇万人以上の観客を動員し、日本でも韓国映画ブームの火付け役となったアクション映画「シュリ」。冒頭の発言は、そのワンシーンである。

サッカーで統一なんてなまぬるい。

果たしてそうなのだろうか。そして何度も提案されて、盛り上がってはいつしかどこかに消えてしまうスポーツの「統一コリア」チーム。それは見果てぬ夢なのだろうか。

「統一コリア」チームは一九六二年、国際オリンピック委員会（IOC）が初めて提案した。二年後に控えていた東京オリンピックが、その舞台としてあげられた。六三年一月には東京オリンピック統一チーム結成に向けて、分断後初めての南北会談が行なわれた。しかし七月、チーム名称問題などで対立し会談は決裂した。

七九年二月にはピョンヤンで行なわれる世界卓球に向けて統一チームの結成が南北会談で話し合われた。しかし一ヵ月後、協議は決裂し、本大会への韓国選手の出場は見送られる。八五年一〇月、IOCの仲介で三年後の開催が決まっていたソウルオリンピックの共同開催の話し合いがもたれた。厳しい南北対立が続く朝鮮半島でオリンピックを安全に開きたい、という意図がIOCにはあった。北朝鮮はオリンピックの共同開催と南北統一チームの結成を主張し、韓国とIOCはそれに柔軟に応じた。ところが北朝鮮は不参加を決め、共同開催も統一チームのプランも流れ去った。ソウルオリンピックの翌年（八九年）三月、北京アジア大会への統一チーム結成に向けて南北会談が始まる。いったんは合意に達するが、九〇年二月に決裂してしまう。

だが冷戦の終結は、スポーツが南北の手を握らせることを可能にしていく。九〇年一〇月、ピョンヤンとソウルでサッカー代表の南北交流試合が実現した。これは分断後、初めてのことであった。そして九一年二月、日本の千葉で行なわれる世界卓球とサッカーのワールドユース（開催国はポルトガル）に「統一コリア」チームを結成することで南北は正式に合意した。そして四月、世界卓球・女子団体で「コリア」は世界最強の中国を下して、世界一に輝いたのである。この優

世界一となった統一コリア女子卓球チームのサブメンバーと一緒に（1991年10月）

勝劇は「小さな統一」として世界中に喧伝されたものであった。六月のサッカー・ワールドユースでも「コリア」は旋風を巻きおこす。グループリーグでは強豪アルゼンチンから終了二分前に決勝点を奪い、ヨーロッパの新興勢力アイルランド戦では終了二〇秒前に同点ゴールで引き分けに持ち込み、予選突破。ベスト8にまで駒を進めている。

卓球、サッカー。二つの「統一コリア」の活躍は、一気に民族統一へ人々の気持ちを高ぶらせた。しかしその直後、不幸な事件が起きる。八月、世界柔道に出場した北朝鮮の選手が韓国に亡命したのだ。この事件をきっかけに南北体育会談は中断した。そして北朝鮮でキム・イルソン主席が死去したのを境に南北関係は悪化し、政治的な対話はほとんど途切れてしまった。

二つの「統一コリア」が輝きを放った九一年の秋、僕は最初の訪朝をしている。そして千葉で世界一の栄冠を手にした女子団体チームのメンバーに会って話を聞くことができた。話をしてくれたのは二二歳の女性で、彼女は千葉大会のときはサブメンバーだった。

「統一コリアチームのメンバーだったことに対する思いはありますか?」

「卓球が初の統一チームとして国際試合に参加できたことを誇りに思っています」

「日本にはどのくらいいたのですか?」

「トレーニングのため早めに来日したので、四五日間の滞在になりました」

「日本についての印象は?」

「日本人や在日コリアンが熱烈な歓迎、おもてなしをしてくれたので大変よかったですよ。今度は朝日の国交正常化が実現して、また日本で国際大会があったら統一コリアチームを結成して来日したい」

ここまで話していると、コーチの男性が口をはさんできた。

「ただし、(統一コリアチームのことは)南朝鮮が反対しているため前進がないのです」

スポーツの話をしているのだが、どうしても最終的には「南朝鮮(韓国)が悪い」という結論になってしまう。二ヵ月前の北朝鮮の柔道選手の韓国亡命事件で南北対話が急速に冷え込んでいく時期だったこともあり、南北コリアの溝の深さというものを実感させられる体験であった。

サッカー統一チームは難しい

九〇年代末になると南北スポーツ交流が復活する。九九年九月にはピョンヤンで南北バスケットボール大会が開催され、韓国のプロチームと北朝鮮のチームが親善試合を行なっている。同年一二月にはソウルで南北バスケット大会が開かれた。

そして二〇〇〇年六月に南北首脳会談が行なわれると、一気に南北スポーツ交流の動きは加速した。まずは七月にピョンヤンで統一卓球大会が開かれ、韓国の実業団チームが北朝鮮のチームと親善試合を行なった。九月のシドニーオリンピック開会式での南北同時入場も実現した。

それでは南北双方でもっとも人気のあるスポーツ、サッカーについてはどうであったか。南北首脳会談に随行したチョン・モンジュン韓国サッカー協会会長は一〇月にレバノンで開かれるアジアカップでの統一チームを北朝鮮側に提案している。そしてチョン会長は訪朝後、「実践に移すことに何の問題もないという返答を受けた」と語っている。レバノンでの試みが成功すれば、二〇〇二年ワールドカップへの統一チームの参加、そしてピョンヤン開催の実現に向けて協議を進めていこうという予定であった。だが、レバノンに現われたのは韓国代表であり、そこに北朝鮮の選手の姿はなかった。

サッカーの統一コリアチームの実現は、卓球に比べるとはるかに難しい面があった。まず問題になったのは南北の実力差であった。九一年のワールドユースの頃、アジア最強を誇る韓国に対して北朝鮮もそれに劣らぬ実力を備えていた。南北ともに実力で予選を突破していた。そして統一チームでは攻撃を北朝鮮、守備を韓国の選手中心に構成し、連携の不安を軽くした。ところが九四年以来のブランクは、韓国と北朝鮮の間に大きな戦力差を生むこととなった。それが明らかになったのは、アジアカップの予選だった。北朝鮮はドーハでのアジア最終予選以来、七年ぶりに代表を送り込んだ。そして予選敗退。世界に背をそむけたツケはあまりにも大きかった。

統一チーム、の難しさは南北双方から同じ数の選手を出すことが原則になっていることだ。ところが韓国から見れば、明らかに自国の選手よりもレベルの落ちる選手を半分も加えることで代表チームのレベルそのものが落ちてしまう。やはりサッカーが国の威信をかけている韓国にとって、そしてワールドカップ開催国として「少なくともグループリーグは突破しなければならない」という十字架を抱えている韓国にとって、戦力ダウンはもっとも許されないことであった。

九一年のワールドユースのときはほぼ拮抗した戦力を保有していたこともあり、統一チーム結成によって南北お互いのプライドに傷が付くことは避けられた。しかし戦力差が歴然としているいま、北朝鮮側は韓国が主導権を握る統一チームではメンツが立たないし、国際的な威信にもかかわる。

またサッカーは団体競技である。卓球のように個人プレー主体の競技であれば、短期の合宿でチームのまとまりをつくることはできる。ところがサッカーではそうはいかない。個々がすぐれた能力を持っていてもチームワークが欠けていれば動きはバラバラになり、試合には勝てない。九一年ワールドユースの統一チームはベスト8に進んだという点では素晴らしいチームだったし、守備と攻撃を南北で分担するなど細心の注意が払われていたが、レベルが上がるベスト8ではチームワークのちょっとした乱れをつかれて敗れてしまった。つまりサッカーの統一チーム、しかも国際舞台で恥ずかしくない成績を上げられるチームをつくるには長い準備期間と信頼関係の積み重ねが必要であった。

こうしてレバノン大会での統一コリアチーム結成は見送られた。それどころか、二〇〇一年に入ってからは、南北の関係が一時の興奮から覚めて次第に冷えていくのと比例してサッカー統一チームおよびピョンヤンでの分散開催という話題すら、ほとんど耳にしなくなってしまう。

北朝鮮にメリットのない分散開催？

思えばシドニーオリンピック合同入場、アジアカップでの統一チーム結成、二〇〇二年ワールドカップのピョンヤン開催……すべてが韓国側の提案だった。思いもよらぬ首脳会談の成功に酔った韓国側からスポーツ交流のプランがいくつも出され、それがまるで明日にでも実現するかのような空気が流れている。北朝鮮側からは何の提案もなく、韓国側から押し寄せるさまざまな夢を慎重に検討する。なぜこんな片思い状態になるのか。

世界的に見ても特殊な体制で国家を運営する北朝鮮にとって、統一チーム結成やワールドカップ二試合開催は、他の国とは持つ重みがまったく違う。九〇年代後半から、水害やかんばつなど連年のように起こる天災などが原因で北朝鮮は深刻な食糧危機に見舞われている。そのような危機的な状況をなんとか支えているのは、国外の情報を極力入れず、「いまは皆が苦しいときだから、国民の力を合わせてがんばろう」とか「わが国がこのように苦しいのは、アメリカをはじめとする敵の陰謀だ」と言って、国民の不満を「外部勢力」に向かわせてきたからだった。「孤立」状態が、北朝鮮の体制を維持できる大きな要因だ。

ところがスポーツ交流が進めば、それだけ韓国の情報も入ってくることになる。経済的には完全に韓国に水をあけられていることが北の国民にもおのずから知れることになり、これまでは統制できていた情報流入も次第にコントロールできなくなっていく。さらに世界最大のスポーツイベント、ワールドカップが二試合も行なわれるとなると、まず世界中のメディアが殺到する。テレビ取材も大々的に行なわれるはずだ。さらにサポーターや観客が来る。ピョンヤン開催はそのまま、北朝鮮の開放ということにつながる。「孤立」で体制を維持してきた国は、開放によって変わらないはずはない。二試合で三〇万人の観衆が集まることを考えれば、外貨獲得というメリットも考えられる。しかしそれ以上に「孤立」を捨てることで体制維持に与える影響は深刻になるであろう。メディアの規制、入国者数の制限という手段も考えられるが、それは世界的に非難を浴びるだろう。

実はこうして考えてみると、北朝鮮の政府にとってはワールドカップ分散開催のメリットはあまりない、ということになる。しかしそれは僕の思い過しであり、考えすぎなのかもしれない。そこでまずサッカーファンのリさんにピョンヤン開催についての考えを聞いてみた。

「ワールドカップが来年、日本と南朝鮮で行なわれることはわが国でもよく知られていますよ。そしてピョンヤンで試合があればそれは素晴らしいことだと思います。でも、(南北分散開催が発表されれば) アメリカが黙ってはいないでしょう。われわれを敵視しているアメリカが必ずじゃまをしてきます。だからかなり難しいんじゃないですか」

「南北統一チームはどうでしょうかね。一〇年前のワールドユースでもかなり成功したし、無理ではないと思うんですが」

「そうですね。統一チームができれば、本当に素晴らしい。でもそれを実現させてくれないのがアメリカです。考えてご覧なさい。ワールドカップは世界のイベントで、影響力もある。それはつまり国際政治とからんでいるということです。アメリカが私たちへの敵視をやめないかぎりは、難しいことです」

通訳のオさんにも同じことを尋ねてみる。

「ワールドカップがここであるかもしれないということは、かなり知られています。でもピョンヤン開催も統一チームも難しいと思いますよ。アメリカが介入してくるからね。それに南朝鮮も最近はアメリカの意向を気にしているし、共同開催はねえ……」

ふだんははきはきとした物言いのふたりだが、この件に関しては何となく歯切れが悪い。ただ一〇年前に会ったコーチは「統一チームは南朝鮮が非協力だから難しい」と言っていたのが、いまは「アメリカが悪い」という表現になっていた。ブッシュ新政権の誕生で、クリントン前政権下で対話が進みかけていたアメリカとの関係が冷え込んでしまったことも影響しているのであろう。

それはともかく、ふたりの発言だけではあるが北朝鮮でのワールドカップ開催および統一コリアチーム結成は、政府があまり乗り気ではないのだなということを十分に感じさせた。というのも北朝鮮の案内人とは単なる旅行ガイドではなく、外国人訪問者への北朝鮮政府を代表した「案内者」なのである。そのふたりが、そろって「難しい」を連発していたのだから。

遠のいた統一チーム結成

実はこの春、「統一コリア」チーム結成に暗い影を投げかける出来事があった。

この年、四月二三日から大阪で世界卓球が行なわれることになっていた。一〇年前に千葉で「統一コリア」旋風が巻き起こったのと同じ大会である。南北首脳会談以後、南北スポーツ交流に関して韓国側はさまざまな提案を北朝鮮に行なっていたが、もっとも「統一コリア」チーム結成が現実的だと考えられていたのが、世界卓球大阪大会であった。

サッカーのように南北の実力差がなく、どちらのプライドも傷つけることなく対等の立場でチーム編成ができる。個人競技だから、チームワークや信頼関係の構築、合同練習にかける時間がサッカーに比べて少なくてすむ。それに千葉大会のノウハウがあるから、選手構成などさまざまなことを参考にできる。一〇年前に世界一となった女子チームは、南北合同にすることで強敵中国を破るだけの戦力が整う……。これほどの好条件がそろう競技は他を見渡してもなかった。

だれが見ても一〇年ぶりの「統一コリア」チーム再結成は確実と思えた。日本の大手新聞でも「再結成」と報じたところもあった。ところが……。三月二九日、北朝鮮の卓球協会は韓国卓球協会に対し、統一チームでの参加が「準備の関係上」不可能になった、と伝えてきた。韓国卓球協会に届いた文書だけでは、その理由を説明できる材料は見当らなかったという。最大の理由と考えられるのが男子における南北の実力差といわれている。実力伯仲の女子に対して、男子は北朝鮮が韓国に劣る。そこで韓国側は男子に関しては韓国主体のチーム編成を考えていたが、スポーツは国威発揚の道具と考える北朝鮮がそれを嫌がった可能性が高い。

さらに三月上旬にアメリカのブッシュ大統領が北朝鮮に対して「信頼のできない国」と表明したことがある。それは米韓首脳会談でのことだった。それを受けて北朝鮮は南北閣僚級会談の延期を突然通告した。そのような南北関係のからみが、統一チームプランの白紙につながったのではないか。

とにかく世界卓球大阪大会で「統一コリア」チームが再結成されなかったことは、南北スポーツ交流にとって大変な痛手となった。つまり、もっとも可能性の高かった卓球ですら実現しなかったのだ。ということは卓球より条件の悪い競技、たとえばサッカー、での統一チーム結成は夢物語に近い、ということが明らかになってしまったからだ。

韓国サッカー協会の会長でありFIFA副会長でもあるチョン・モンジュン氏は九九年六月七日に「朝日新聞」記者と会見し、二〇〇二年ワールドカップの北朝鮮開催について次のように述べている。

「ワールドカップとは、世界で最も盛大な祝典であり、北朝鮮も一緒にしたらいいではないか。パーティーだから、隣の家の人たちも遊びに来てもらうべきだ。飲食物をいくら豪華に準備しても、自分一人だけ楽しむのはパーティーではない」

「私が推進したいワールドカップの南北分散開催は、南北間のサッカー交流だとみなければならない。米国と中国は過去、卓球を通じて交流し始めたが、サッカーボールは第一、卓球の球より大きく、全世界的なファンの数も、比べものにならない」

僕はこの記事を読んだとき、実現するかしないかは別として、チョン氏は実に素晴らしい発想をする人だと思った。たとえワールドカップ直後に韓国大統領選を控え、その成功が自身のイメージアップにつながるという打算が彼にあったとしても、だ。二〇〇二年ワールドカップは、単なるサッカー世界選手権ではない。これまで政治に利用され、ほんろうされてきたサッカーだが、今度は逆にサッカーが政治を利用するかたちにしたい。とりわけ朝鮮半島ではサッカーを代表としてスポーツというものは政治によってさんざんゆさぶられてきた。あえてその地域で、スポーツを南北和解に生かそうとする。

最初は「ワールドカップを北朝鮮でなんて」とまじめにとりあわなかった僕も、この「逆転の発想」に興味を持った。そしてピョンヤンでの開催、そして統一コリアチームの結成が実現すれば朝鮮半島だけでなく日本、そして世界にも誇れる平和プランが生まれる可能性があると思うようになった。

「サッカーで統一なんて、そんななまぬるい……」

そうかもしれない。しかし二〇〇二年FIFAワールドカップ・コリア／ジャパンは、その大きなチャンスかもしれないのだ。

ただ、政治的な理由、そしてサッカーというスポーツの特性からピョンヤン開催と統一チーム結成には、かなり高い壁があることもピョンヤン滞在ではっきりわかった。それでは南北コリアを半世紀以上も引き裂いてきた「分断」とは、いったいどんなものなのか。島国であり、陸地に境界線を持たない国・日本で暮らしているとなかなか理解できない。しかしながら、南北コリア同時訪問はその現実をとても冷徹に見せてくれることになる。

ピョンヤンから休戦ラインへ

ピョンヤン到着の翌日、僕らは三八度線に出かけた。

三八度線は、いわゆる国境とは違う。朝鮮戦争が停戦したときに決められた、「休戦」ラインのことだ。ということは、朝鮮半島はいまなお「戦争を休んでいる状態」ということであり、いつ戦争が再開されてもおかしくない、ということにもなる。この軍事境界線は北緯三八度線にそって朝鮮半島を分断し、全長は二四八キロにも及ぶ。休戦ラインから南北にそれぞれ二キロずつ分割された幅四キロの地域があり、これを非武装地帯（DMZ）と呼ぶ。およそ六四〇〇平方メートルにおよぶDMZには人の立ち入りはできず、南北のクッション地帯ともいうべき状態だ。

バスはピョンヤンからひたすら南へ走る。高層ビルや仰々しい建造物が点在し、あまり人間臭さの感じられないピョンヤンの街並をひとたびはずれると、延々と田園や山野が続く。緑、緑、緑……。立派に整備された舗装道路ですれちがう車はほとんどない。案内人のオさんは車内で北朝鮮映画「ホンギルトン」のビデオを流し、日本語で解説している。本当にこの先に、南北コリアを半世紀にわたって分断してきた緊張の現場があるのか？そのことがにわかには信じがたいほどの、外に展開するあまりにものどかな風景、そしてバス内に流れるけだるい空気だ。

ピョンヤンから休憩時間もふくめて約二時間半、バスはある地点で停車した。停車する直前、右手には朝鮮半島を描いた大きな看板があり、ハングル文字で「ハナ」、英語で「ＫＯＲＥＡ

ONE」とかかれていた。ハナとは「ひとつ」を意味する。

スポーツ交流コースのバスはいちばん初めに到着したので、後続のバスが来るまでとある建物の中で待つことになった。そこは売店になっており、高麗人参酒や北朝鮮のバッヂなどお土産品を販売している。僕は『パンムンジョム』（朝鮮人民軍出版社）という小型の写真集を買い求めた。日本語版だった。売店のおばさんはお金を受け取ると、ハンコを押してから僕にそれを手渡す。押されたハンコにはハングル文字で「チョソン　パンムンジョム　クァングワァンキニョン」つまり「朝鮮　板門店　観光記念」とあった。

朝鮮人民軍の制服に身を固めた兵士が二人、この建物のなかにいたが、あまり緊迫感はない。それどころか訪朝団の日本人と一緒に記念撮影におさまっていたり、オさんを通訳にして兵士にインタビューをし始めたデジタルカメラを持つ青年の質問に丁寧に、ときには笑顔を交えつつ答えていた。兵士とのちょっとした交流会といった雰囲気は、軍事境界線のすぐ近くにいるという臨場感をほとんど薄れさせてしまった。

しかしながら、ピョンヤンからのバスが続々と到着し、三八度線ツアーが始まると兵士たちは「任務中」のひきしまった顔に戻った。案内担当の軍人は、まず、売店の隣にある建物に引率した。そこには朝鮮半島の地図とDMZおよび休戦ライン付近の模型があった。そして三八度線についてのレクチャーを受ける。それからいよいよバスで検問を通り、内部に進む。もちろん朝鮮人民軍兵士の同行で。「自主統一」とかかれたハングル文字のスローガンがかかげられた門をくぐり進む。このように軍事境界線に近い場所にも田畑が広がっているのには驚いた。

バスがまず停車したのは、朝鮮戦争の停戦会談場と停戦協定調印場の建物が並ぶ地域だ。北朝鮮の宣伝放送と音楽が風に乗って流れてくる。以前はアメリカや韓国を非難する内容が大音響で流されたというが、昨年の南北首脳会談の後からは非難放送がピタリとやみ、かなりソフトな雰囲気になったという。一九五三年七月二七日、この場所で停戦協定は調印された。先ほど買った小型写真集には調印の瞬間の写真がのっており、「停戦協定文書に署名するアメリカ帝国主義の敗戦将軍ハリソン」と書かれている。

再びバスに乗るが、すぐに停車。そして運転手以外は全員下車を命じられる。そして整列させられてから、橋を渡る。橋の手前には川に沿って鉄条網が張り巡らされ、ずっとのびている。今まで来た道沿いに広がる田畑と川の間には塹壕のような深い堀があって、それが道路をもうがっている。道にはバス一台分の広さは何とか保たれているが、訪問者はここを徒歩で越えなければならない。

橋の上で僕らを追い越して先に行っていたバスに乗り、少しだけ走ると、初めて来たはずなのにすでに見覚えのある風景が見えてきた。

「あっ、映画のセットみたいだ！　これ本物？」

僕らのバスに乗っていた若い男性が叫んだ。

共同警備区域・板門店で

パンムンジョム。板門店。もともとはこの地域の名称である。寒村にすぎなかったこの地域が

上：板門閣から北朝鮮軍人の先導にしたがって会議場に向かうピースボート参加者（手前）と、自由の家前で国連軍兵士の説明を受ける白人観光客の一団。会議場内を除いて警備兵も観光客も38度線を示すコンクリートライン（会議場の中間点）を越えることはできない
下：板門店・軍事停戦委員会の会議場で北朝鮮軍人の説明を聞く。その間、窓の外ではしきりに国連軍の韓国兵士が中の様子をのぞいていた（右上）

世界的に知られるようになったのは、朝鮮戦争の停戦会談場となったこと、そして分断の悲劇の象徴としてである。しかし最近は、とある韓国映画がこの場所をさらに有名にした。

ＪＳＡ。Joint Security Area（共同警備区域）の略称。そして板門店にある軍事停戦委員会会議場の正式名称である。

二〇〇〇年九月九日に韓国で一般公開された映画「ＪＳＡ」は、しばらくこの映画を超えるものはないだろうと言われていた「シュリ」（サッカーで統一なんてなまぬるい、の映画だ）の記録をつぎつぎと塗り替えていった。韓国全国の動員数、韓国テレビ放映権料、韓国ビデオ発売本数、総製作費……。すべてで「ＪＳＡ」は「シュリ」を上回った。もちろんその評価においても。そして日本でも大ブームを巻きおこしていく。

「ＪＳＡ」は共同警備区域で任務につく南北兵士の偶然から始まった心の交流とその悲劇を描いたものだ。四人の兵士のうち、映画のラストまで生き残ったのがたった一人であった、というのが南北分断の冷徹さというものを物語っていた。

僕らはバスをおりて板門閣という二階建ての建物の前にやってきた。ここは北朝鮮の警備兵の事務室として、また停戦会談や南北会談に出席する代表らが待機する場所という役目を持つ。眼下にはブルーに塗られた軍事停戦委員会会議場の施設がある。これを含めて合計七つの施設が並んでおり、三つが北朝鮮の、残り四つが米軍と韓国軍の合同編成による「国連軍」の施設となっている。その向こう側には「自由の家」と呼ばれるガラス張り四階建ての立派な建物がある。これは国連軍の施設。自由の家のモダンぶりにくらべると板門閣はとても地味に思える。板門閣から自由の家まで、たった八〇メートルの距離だ。小学生だって一〇数秒で駆け抜けられるわずかな距離であるはずなのに、板門閣から眺める自由の家までは八〇メートルではなく八〇キロメートル、いや、それ以上の遥かなる遠さしか感じられない。なぜだろうか。

その理由は、ここがまさにJSAであったからだ。軍事境界線を中心とした直径八〇〇メートルの円形状の地域は、公式的には国連軍と北朝鮮軍が共同警備を担当している。そしてここは南北双方の行政管轄権の外にある特殊な地域である。七つ並んだ施設は幅五〇センチ・高さ五センチのコンクリート線によって数珠つなぎになっているように見える。外から見れば「つながっている」ようにみえるが、実はこのコンクリート線が三八度線、つまり軍事境界線であり、南北コリアを分断しているのである。

コンクリート線は、施設の建物と建物のあいだを警備している国連軍および北朝鮮兵士も、もちろん観光客も越えることはできない。たった高さ五センチのラインを、だれも越えることはできないのだ。もともとはJSA内においてならば、南北警備兵は自由に歩き回ることができた。このような厳しい状況になったのは二五年前からだ。七六年八月一八日、JSA内のポプラの木を切っていた国連警備兵二人が北朝鮮警備兵に殺害されたのだ。これを「ポプラの木事件」という。この事件によってJSA内でも本会議場横にはコンクリート線が敷かれ、南北がはっきりと分断される。そしていま、コンクリート線を境に国連軍兵士と朝鮮人民軍兵士が、まるでにらみあうかのように対峙している。

僕らは北朝鮮の軍人によって本会議場に案内された。会議場の中央に長いテーブルがあり、その上にはマイクがいくつか置かれている。マイクのコードがテーブルを縦長にふたつに区切っているが、実はこのコードこそが軍事境界線そのものになっている。ただし会議場のなかに限っては、境界線の北にも南にも移動することはできる。北朝鮮の軍人が、ちょうど軍事境界線をまたぐようにして説明を始める。

その間、窓の外ではしきりに韓国兵士が中の様子をのぞきにくる。韓国兵士はほとんどがサングラスをかけている。軍事境界線で北朝鮮の兵士と目を合わせないための策だという。サングラスをわざわざかけている、ということはつまり「目を合わせている」ということであるが。そして彼らが窓をのぞきこむたびにまるで「お前たち、こんなところで何をしてんだ?」と威嚇されているような気分になる。ちなみにこれが国連軍の案内で行ったときには、逆に朝鮮人民軍の兵士に同じことをされる。おかしなもので北の案内で会議場に入れば、アメリカ帝国主義とそのあやつり人形の韓国軍兵士のガラの悪さ、という印象が強烈に残る。ところが南から行けば、不気味な国のロボットのような北の兵士、というふうに見えるはずである。だから板門店、いや、南北コリアは両方とも行ったほうがいい。

JSA——板門店には南北ともに一般市民は特別のことがないかぎり立ち入れないことになっている。最近は韓国人でも観光ツアーが組めるようになったらしいが。しかし、僕らのような日本人をはじめとする海外の観光客は、南北コリアに暮らす人々よりは簡単に南北両方から板門店を訪れることができる。一二年前にピースボートが初めて南北コリア同時訪問を計画したとき、「現地の人が行けないのに、外国人である僕らが大勢で見にいくのはどことなく気が引ける」と感じ、あまり乗り気にはなれなかったことを思い出す。とりわけ板門店に行くのはためらいがあった。それから一二年、実際に板門店に来てみて、こだわりが溶けていくような気がした。南北両方に行ける立場にあるのなら、両方に行けるのなら、行っておくべきだ。板門店に行くんだったら、なおさらだ。

北朝鮮軍人の説明がひととおり終わった。そして彼は結びの言葉として、強い口調で言った。

「もし日本が朝鮮を植民地支配しなければ、少なくともこのように外部勢力によって朝鮮が分断されるということはなかったはずだ。それなのにあなたたちの政府はアメリカや南朝鮮と結んで、わが国に対する敵視政策を改めようともしない。これでは朝鮮半島に平和が訪れるはずはないし、それが南北分断の固定化に手を貸しているということに気付くべきだ。日本に戻ったら、ぜひこのことを伝えてもらいたい」

僕たちは二列になって本会場から出るように指示された。写真を撮ろうと列からはみ出て舗装されていない土の部分に出た参加者がいた。彼は北朝鮮兵士に、列に戻るようにと厳しく制止された。そして階段をのぼり、板門閣の屋上にあがった。眼下にはたったいままでいた本会議場、そしてその先には自由の家がある。

「なにかご質問は」

案内の軍人が言うと、ひとりの青年が挙手し、こう尋ねた。

「韓国の映画で、ＪＳＡという映画があります。ここを警備する南北兵士の交流を描いた作品ですが、あなたはご覧になったことがありますか。あるいはその映画について聞いたことがありますか」

「残念ながら知らない。見たことも聞いたこともない。そして交流などそのようなことはここではありえない」

軍人は表情ひとつ変えずにそう言うと、それでは時間ですから、と質問を打ち切ってしまった。その時、自由の家から白人の団体観光客が韓国兵士の案内で本会議場に入っていった。彼らは韓国の首都ソウルから出発するツアーで板門店に来たのだ（それ以外にツアーはない）。僕は思った。ここからピョンヤンに戻るよりも、ソウルに行く時間のほうが短いのではないか、と。板門店からソウルまでは七〇キロ足らずなのに対し、ピョンヤンまでは一七〇キロあまり。僕らを乗せたオリビア号は、四日後には韓国の仁川に入港する。そして多くの人がソウルを訪れることになっている。このまま南に行ったほうが早いのに……。しかしバスは無情にも、北に向かって走り去っていった。

韓国の警備艇が現われた

九月二日午後三時。オリビア号は南浦港の岸壁を離れた。そして西海閘門を越えて、再び海上に滑り出た。針路は南、次の寄港地は三八度線の南側・仁川である。

翌九月三日午前一一時一五分。朝から盛夏を思わせるような日差しが、真っ青な空から容赦なく照りつけている。にもかかわらずオリビア号後方にあるネプチューンデッキには多くの乗船者が集まっていた。というのも「ピースセレモニー」がここでまさに始まろうとしていたからだ。

歌、踊り、そしてチャンゴの演奏が行なわれる。まもなくオリビア号は陸ではなく、海上の北緯三八度線を通過しようとしていた。板門店は越えられなかったが、ピョンヤンを訪れた船が今度は直接ソウルの外港である仁川に入る。三八度線を越えて。それを祝って歌あり踊りありのにぎやかな「ピースセレモニー」を行なおうじゃないか、ということになったのだ。船は徐々にスピードをゆるめ、そして海上で停まった。いま僕らがいるのが、ちょうど三八度線の真上だという。

しかし祝宴に水を差すような、黒い船影が進行方向右手の沖合に見える。この黒い影はず〜っとオリビア号につかず離れず、一定の距離を保って尾行しているように思えた。セレモニーのあいさつで、吉岡団長は明かした。

「実は、オリビア号の近くに韓国の警備艇がいます。そして先ほどからずっとこのオリビア号船長に警告を発しています。『お前たち、三八度線上で減速して何をしようというのだ。早くここから立ち去りなさい』と。いま、この船は警告を聞かずに三八度線上で停泊しています。もし、警備艇がオリビア号を不審と認識すれば、この船は攻撃を受けても捕らえられても文句は言えないのです」

午前一一時三〇分、オリビア号は再び動き始めた。そして三八度線を南へと通過した。船が動いたのを見て、警備艇もどこかへと姿を消してしまった。陸だけではなく海でも三八度線はどこにだってある、ということを思い知らされるセレモニーとなった。その後ネプチューンデッキでは「イムジン河」という曲のギター演奏が始まる。

イムジン河　水清く　とうとうと流る
水鳥　自由にむらかり　飛び交うよ
我が祖国　南の地　想いははるか
イムジン河　水清く　とうとうと流る

北の大地から　南の空へ
飛び行く鳥よ　自由の使者よ
誰が祖国を　二つに分けてしまったの
誰が祖国を　分けてしまったの

イムジン河　空遠く　虹よかかっておくれ
河よ　想いを伝えておくれ
ふるさとを　いつまでも忘れはしない
イムジン河　水清く　とうとうと流る

（朴世永《パク・セヨン》原詩／松山猛訳詞／高宗漢《コ・ジョンハン》作曲）

イムジン河。朝鮮半島ではイムジンガン（臨津江）と呼ばれる。臨津江とは韓国と北朝鮮をへだてる川の名前だ。

続いてシドニーオリンピックの開会式で「コリア」チームの入場テーマとなったアリランの合唱が、デッキに集った人々によって行なわれた。

アリラン　アリラン　アラリヨ
アリラ　コゲロ　ノモカンダ
チョーギ　チョーサニ　ペットゥサンラネ
タル　トゥゴ　ピョル　トゥゴ　ヘド　トゥネ

アリランの歌声は、板門店に届けよとばかりに青空に向かって飛んでいった。

第4章　スタジアムと地雷原

三八度線は三八度線にだけあるんじゃない
三八度線は三八度線にだけあるんじゃないさ
国の外　太平洋の彼方　遠隔操縦の国　アメリカにだって
彼らが送ってよこす救援物資のなかの
甘いチョコレートと　ドル札の裏側にも
腹がへって　命がけで越してくる帰順者と
血のにじんだ自由ではためく旗と
沈黙の壁　エゴの壁　あなたの胸にも
ある　ある　ある　どこにだってあるさ
三八度線はどこにだってある
三八度線はどこにだってある
三八度線はどこにだってあるさ！
（「三八度線は三八度線にだけあるのではない」、キム・ナムジュ作詞・アン・チファン作曲・藤原真也、やん　ゆん訳詞）

コリアサッカーの恩人

九月五日、朝。オリビア号は仁川に入港した。分断後初めて北朝鮮からダイレクトに韓国にやってきた客船ということで、埠頭には韓国のメディアやロイターといった世界的な通信社も集まっては、下船してくるピースボート参加者をフィルムにおさめていた。

「分断」とは何か。いったいどういうものなのか。それを感じたくて、今度は南から休戦ラインおよびDMZをめざすことにした。Cコースと呼ばれる一泊二日のミニツアーに参加して。四〇人の参加者を乗せたバスは、仁川港のゲートをくぐり街に出た。車窓からは日本にあるものとほとんど雰囲気が似ているコンビニエンスストアがあちらこちらに見られ、道をゆく人々の服装もカラフルだ。道路は自家用車やトラックなどでかなりこみあっている。二日前までピョンヤンにいた僕は、同じ民族なのに社会体制が違うだけで、こんなにも街の表情が変わってしまうのか？　となかばあきれ、なかば驚いた。

仁川を出たバスはソウル市内には入らず、やがて大きな川に架かる橋を越えると、今度はその川沿いに北の方角に向けて走った。この川は漢江だ。現在は北朝鮮側にある金剛山に源を発し海に注ぐ。よく見ると漢江と、いま僕らが乗っているバスが走る「自由路」の間には鉄条網が張り巡らされ、川原には下りられないようになっている。ここから四〇キロも北に行けば漢江の河口に出る。その地点は北朝鮮との休戦ラインになっているのだ。冬になれば漢江が凍ることもあり、北からの侵入も容易になることからその防止のために設けられた鉄条網だという。

しばらく行くと左手前方に丘があり、その上にポツンと建物が見える。それがこれから僕らが訪問するオドゥ山統一展望台だった。この展望台に行く前には韓国軍の検問所があり、必ずここでチェックを受けなければならない。展望台の建物に入る前、チョ・マンシクという人物の銅像を見学した。女性ガイドのキムさんが説明する。

「この方は戦前に日帝支配に対する抵抗・独立運動を行なった人物で、銅像では朝鮮半島の伝統衣装を着ています。ピョンヤンに生まれ、日本の明治大学法学部を卒業されました。韓国を近代化させるには教育が重要ということで多くの学校を創設し、若い人の教育に尽力しました。同時に経済振興も重視し、国産品を消費することを唱えました。ですから衣装のすべてが韓国風なんですね。戦後、南で共産地下活動をしている人々のためにキム・イルソンと対立をし、北で犠牲になりました。そういう人生から現在、韓国の国民にかなり尊敬を受けております」

ちなみに一九二五年、日本統治下のピョンヤンで関西体育会というスポーツ組織が結成された。この会は同じ年の五月に始まった全朝鮮蹴球大会の開催など、戦前の朝鮮サッカー隆盛をささえていた。ところが植民支配の中心であった朝鮮総督府は、「蹴球統制令」なる法律を作ろうとしていた。おもな内容は全朝鮮のサッカー大会は年一回に限り、しかも総督府の許可が必要である、とか大会は朝鮮人だけでなく日本人団体の主催で開くべし、とか試合の行なえる曜日・時間帯まで制限しようというものだった。朝鮮人のサッカー熱が日本に対する反抗に火をつけることを恐れた予防措置であった。

これに対して猛抗議を行なったのが関西体育会会長のチョ・マンシクだった。それが実って総督府は「蹴球統制令」という、もしも成立していれば「愚法」「悪法」のそしりをまぬがれなかったであろう統制案の実施をとりやめた。いわばピョンヤンのみならず戦前の朝鮮、そして現在にいたる南北コリアのサッカー隆盛の恩人のひとりでもある。

チョ・マンシクの銅像をあとにして、展望台にのぼる。四階では、日本語によるビデオが流されていた。内容は昨年六月の南北首脳会談、そしてキム・デジュン大統領が進める「太陽政策」の賛美が主だ。それが終わると、展望台と川をはさんで真向いにあるという北朝鮮の「宣伝村」についての説明が始まる。そこにはキム・イルソン史跡館、人民学校、人民文化会館、対南放送基地などがあるという。

ビデオ解説が終わり、望遠鏡がいくつも備え付けられた展望台に向かう。キムさんが説明する。「右の川は臨津江です。漢江と合流して左に流れていきます。その河幅が三・二キロ。現在は船の航行も、遊泳も一切禁止です。というのも川のど真ん中が休戦ラインになっているからです」

きのうのピースセレモニーで歌われた「イムジン河」の臨津江は、豊かに水をたたえながらゆっくりと流れている。ここにも漢江同様に鉄条網がしかれている。その対岸は、もう北朝鮮である。先のビデオでは望遠鏡をのぞけば宣伝村などが手に取るように見える、とのことであったが、この日はかすみが多くてよく見えない。ただ、南と同じように川岸には鉄条網が冷たく光っている。

するとキムさんがおもしろいエピソードを披露してくれた。

「以前洪水があったとき、北からいろんなものが流れてきました。その時、牛が一頭流されてきたんですね。しかもその牛が川の中州に上がってしまったんですね。そこは休戦ラインのど真ん中だったんですよ。だから南北ともに手を出せない。このままじゃ二～三日すると飢え死にしてしまう、と動物愛護団体から抗議の声が上がりました。そこで急きょ、板門店で南北会議が行なわれたんです。北の方じゃ餌をあげることはできない、それじゃあ南で引き取る、ということで牛を南に運んだんですね。そして韓国の牧場でこどもを産みました。それは『自由の牛』と名付けられました」

板門店には「自由の家」があったが、こちらは「自由の牛」である。何ともほほえましいエピソードだが、よく考えると実は重い内容であることに気が付く。牛一頭をすぐに救出できないほど、休戦ラインというものは厳しい。この中州に残された牛のために、板門店で南北が会談をして結論を出さねばならないほど、休戦ラインのハードルは高い。鉄条網がなかったころ、人々は自由に南北を行き来していた。臨津江の河幅がもっとも狭いところで四六〇メートル。泳いでも十分に渡れる距離だが、お互いの住民にとって対岸は「近くて遠い」場所だ。

イムジンガンを渡れ

オドゥ山統一展望台から臨津江沿いに自由路を進むと、臨津閣という建物が見える。それに隣接しているのが統一公園だ。ゲームセンターがあったり、ファーストフードの店があったりとまるで遊園地のようだ。それを見ていたキムさんは

「このごろの人はねぇ、なんかしたらすぐそれを観光化させるんですねぇ。だから公園内には

昔のような緊迫感がなくなってしまいました」

と、なかばあきれたような口調で言った。

しかしここから板門店に向かってのびている統一路には、緊迫感こそ薄れているが、いざというときのための備えは忘れられていない。朝鮮戦争が始まって、わずか三日でソウルは朝鮮人民軍に占領されてしまった。その教訓から統一路には一定距離の間隔を置いて対戦車用の障害物を設けているのだ。

臨津閣の前に鉄橋がある。統一公園の駐車場から僕らはこの橋を歩いた。しばらく行くと行き止まりになっている。ここでキムさんは、この橋について語り始めた。

「朝鮮戦争後、板門店で捕虜交換が行なわれました。南に行くと希望した一万二七五三名がこちらにきます。そこで米軍の工兵隊が急ごしらえで橋を架けました。全長八三メートルの橋が完成し、捕虜だった人々はそれを渡ってきました。自由を取り戻して帰ってきたということで『自由の橋』とよばれています」

自由の橋は金網フェンスによって行く先がさえぎられている。その先では韓国軍兵士の立ち会いのもと、線路の修復工事が行なわれていた。これは京義線の連結を目的として行なわれている。南北首脳会談で合意された約束のひとつに、この鉄道の復旧と連結を行なう、ことがしるされている。

もともと京義線とは一九〇四年に日本が敷設権をえて、二年後に開通させたものだ。ソウル（京城）から現在の北朝鮮の中国国境にある新義州までの四八六キロを結び、日本の中国大陸侵略の足として活用された。日本の敗戦で南北間の運行が中止され、さらに朝鮮戦争で線路が破壊され断絶、現在にいたっている。いまは韓国と北朝鮮の休戦ラインを境に二四キロにわたって途切れている。そして二〇〇〇年九月から韓国側で連結工事が始まった。韓国側、北朝鮮側はそれぞれ一二キロづつの工事区域を分担することになっている。

もし京義線が開通すれば、韓国にとっては海路による物資輸送よりも費用が三分の一、時間も五分の一ほどになる。キム・デジュン大統領は京義線を「鉄のシルクロード」と呼び、ユーラシア大陸への物資流通の拠点として期待を寄せた。北朝鮮も、列車の停車などは認めにくいが通行料が手に入るというメリットがある。キム・ジョンイル総書記も復旧工事に三万五〇〇〇人の軍隊を投入する、とやる気を見せた。残念ながら北朝鮮側では工事がほとんど進まず、この九月に運行が再開されるという計画も夢に終わった。ピースポートも京義線が開通していれば、南北コリアクルーズでソウルからピョンヤンまで列車で訪問という計画もあったらしいが、それはすべて流れてしまった。

京義線は複線だった。臨津閣の屋上にあがって、向かって右手には朝鮮戦争で破壊されて線路も鉄橋もなくなり、橋脚だけが臨津江を渡っている。左手では新しい京義線を造る工事が行なわれており、鉄橋も架かっている。この道は臨津江を越えるとさらに北に延び、板門店に続く。

臨津閣に向き合うようにして石碑が建っている。「望拝壇」とあった。その背後には扇状に七枚、まるで屏風を立てたような石碑が並んでいる。屏風に似ている、というよりもそれは屏風をイメージしてつくられたものだった。韓国の一般家庭には、日本でいうような仏壇がない。儒教

望拝壇。臨津江はこの背後を流れる

のしきたりにのっとって祭壇をもうけ、お祈りをする。その際にまず祭壇の両側に屏風を立て、テーブルを置き、さらに位牌を立てる。

朝鮮戦争などで、南北朝鮮で離れ離れになった人たちのことを南北離散家族という。韓国統一省の推計によると第二、三世代まで含めた離散家族は韓国に約七六〇万人、北朝鮮に約三〇〇万人の合計一〇〇〇万人以上いるとされる。そして、現在の北朝鮮にお墓があって、両親の行方もわからないという韓国の人は多い。

つい最近まで、韓国の一般民衆は北朝鮮はおろか板門店に行くことすらできなかった。ということはすなわち臨津江を越えることはできなかったのだ。この臨津閣が、もっとも北に近い場所だったのである。そして北に本籍がある人たちや離散家族のためにつくられたのが望拝壇だった。北に行けない人々は、この祭壇にお供え物をし、近くて遠い故郷に向かって手を合わせるのだ。北朝鮮を対岸にのぞむオドゥ山統一展望台にもやはりこのような祭壇があった。そしてどちらでも旧正月や旧盆には、大々的なもよおしが行なわれるという。

七枚ある屏風にはレリーフが彫られている。そこには北にある各道の名所だった。白頭山の天池、鴨緑江のいかだ流し、ピョンヤンの大同江の上にある見晴らし台……。僕らが望拝壇の説明を受けているとき、一組の老夫妻が祭壇に供え物をし、長い時間をかけて頭を垂れ、両手をあわせていた。

スタジアムの裏山に地雷が

僕らを乗せたバスは臨津江を渡らない。このツアーは板門店には行かないのだから。しかし、なかば観光地化されてしまった板門店よりも、もっと南北分断というものをリアルに見せてくれる場所に向かっている。

「サッカーの二〇〇二年ワールドカップの幾つかの会場の裏山には地雷原がある。早期除去が急務です」

南北コリアクルーズ出航まで一ヵ月を切った八月二日。「朝日新聞」朝刊の「ひと」欄に紹介されていたチョー・ジェグクさん（四七歳）の発言に、寝ぼけまなこだった僕は冷や水を浴びせられたよりも激しく正気に戻らされた。チョーさんは韓国にある二七のNGOを束ねて「韓国対人地雷対策会議」を発足させ、その執行委員長になった人である。

スタジアムのそばに地雷。思いも寄らぬことだった。そして朝鮮半島における地雷の問題。これまであまり考えたことのなかった事実。ここに南北分断の現実があるのではないか。この記事をきっかけに僕は、韓国では板門店ではなく三八度線上の村を訪ねるCコースに参加することにした。

仁川からCコースのバスに同乗しているハン・サンジン氏（三七歳）は地雷廃絶の目的とするNGO「共に歩む人々」のメンバーだ。

「韓国では昨年六月一五日の南北共同宣言以後、南北の統一を望む声が高まっています。京義線という南北統一鉄道の開通も近い将来みこまれています。朝鮮民族が自由に南北を往来することができる日も近いかも知れません。しかし、軍事境界線に残っている地雷を除去しないかぎり、現実に祖国統一は難しいと思います」

朝鮮半島を南北に分断する総延長二四八キロの軍事境界線。軍事境界線から南北二キロづつに広がる約六四〇〇万平方キロのDMZには南北双方によって埋設された対人地雷および対戦車地雷が無数に残されているという。その数は韓国国防庁の公式発表で一〇〇万個。ハン氏らNGOの調査では、少なくとも倍以上の二〇〇万個は埋められているのではという。しかもこの二〇〇万個という数字には北朝鮮側の数字は含まれていない。

韓国で地雷が埋められ始めたのは朝鮮戦争が終結するまでの一年間からだという。もともと韓国に地雷という武器は存在しなかったのだが、「国連軍」の名のもとに参戦した米軍がそれを初めてもたらした。そして北朝鮮の「南侵」を防ぐ目的で多くの米国製地雷が三八度線付近に埋められた。地雷は北朝鮮にも伝わり、彼らも「北進」を警戒して地雷を埋めていくことになる。

韓国のどのような場所に集中的に地雷が埋められていったのだろうか。それはDMZに隣接する民間人統制区域である。ここは特殊地域ということもあって、世の中に地雷被害があるということが広まるのはかなり遅れることとなる。さらに南侵にそなえて後方の軍事基地周辺にも対人地雷は埋められる。「北の脅威」を封じることが優先された韓国では、地雷被害があってもそれは隠された。韓国では八八年のソウルオリンピックまで地雷を埋めていたそうだが、こうして韓国の一般市民は五〇年近くも地雷が埋められていることを知らされてこなかったのである。

しかし九七年に、対人地雷廃絶活動を評価されたジョディ・ウィリアムスさんがノーベル平和賞を受賞したことで、風向きが変わる。対人地雷全面禁止条約が成立したプロセスで、韓国の被害状況がようやく明らかになる。チョー氏が「韓国対人地雷対策会議」を設立した背景には、その事実に衝撃を受けたことがある。

これから僕らが向かう韓国の民間人統制区域には一〇〇四の村がある。一〇〇四のうち八四は朝鮮戦争で廃墟となり地雷が多数埋められた原野を開墾してつくられた村だ。六〇年代初め、韓国政府は退役軍人たちを中心に民間人統制区域の北側に入って開墾する人員の募集をかけた。そして募集にこたえて集まった退役軍人たちは地雷除去をしながら畑を作ったり村を造ったりする過程で、多数の地雷被害にあった。ハン氏によると、この開墾によって地雷被害にあった人は推定一〇〇〇人くらいになるのではないか、という。そして韓国の地雷被害者はほとんど放置されたままの状況が続き、国家から補償を受けることができたのはこれまででたったの一人だという。

ハン氏は被害を受けたある家族のケースを例にあげた。

「その家族は四人が地雷の被害にあっています。長男が地雷を踏んで死亡。次男は足の指が吹っ飛びました。三男は死亡。お婆さんは地雷で足がなくなったのです」

「別の被害者は地雷を三度も踏んでいます。不幸中の幸いで、命は失わず足だけがなくなりました。だから彼は『不死身の男』と呼ばれています」

僕らが今夜泊まる大馬里（テマリ）村は、このようなかたちで造られた村だ。

地雷被害に関する事実が明らかにされつつある韓国だが、意外にも地雷の存在を肯定する空気のほうが強い。それはやはり「北への不審」が根強く残っているからだ。DMZから六〇キロしか離れていないソウルでは「軍事境界線の地雷は韓国の国防には不可欠。それは自国を守るのに必要だからだ」という主張がなされ、市民のほとんどがそれを支持しているという。お互いが攻めてくるかもしれないという疑心暗鬼が晴れないかぎり、地雷は「やっぱり必要」というのが南北の見解になる。しかしハン氏はそれに反論する。

「政府が地雷の製造・使用を禁止することと、DMZの地雷を除去することは、南北統一に関する大きな政治問題なんです。相手が攻めてこない、または攻めないという信頼関係が南北の間で実現しないかぎり、朝鮮半島の地雷問題は解決できないんです」

韓国が実質的に地雷被害をなくしていくには、南北朝鮮が同時に対人地雷禁止協約に加盟することが必要だ。もし、同時加盟が実現すれば、軍縮が進むことになる。もっとも地雷の多いDMZに南北双方が入って、ここで顔をつきあわせながら地雷を除去していくしかない。それにはお互いの信頼関係が必要となるし、顔をあわせてやる作業なので信頼関係が生まれる可能性もある。

すでに京義線復旧・連結工事の開始で、この地帯にある地雷を撤去しようという合意がなされている。こういう点から見ても、地雷に関しては南北が他の軍縮よりも早くとりかかることができるのではないか。だから南北が同時に協約に加盟すれば、これ以上の犠牲者を出すことを防げることもあるし、南北の統一と平和を促進していく効果がある。

しかし実際、韓国における地雷除去は遅々として進まない。そのひとつのやっかいな要因が、アメリカである。アメリカはいまなお、対人地雷禁止協約に加盟していない。そのひとつの理由に、アメリカが朝鮮半島における地雷に関しては禁止の対象外にしようと主張し、それが認められなかったことがあげられる。そして韓国は、世界でもあまり例がないことだが、軍事統帥権をアメリカが握っている。それはつまり、韓国で地雷除去をするときにはアメリカの許可が必要だ、ということだ。資金などの問題で韓国が独自で地雷除去をすることは非常に負担が大きいうえに、アメリカの意向がかかわってくるからこれをどうやって克服するかという点で二重のしんどさがある。

「ですが、先ほども言いましたように南北共同宣言で京義線の復旧工事をすることが決まり、工事が始まったときに埋められている地雷を撤去できたわけです。そういう姿を見ると、韓国ではアメリカの影響力が強くても可能性はある、と思います」

ハン氏が力強く言ったとき、バスは停まった。

地雷原の上にできた公園

ソウルの北東にあるヨンチョン市の郊外にあるノゴン里。緯度で言えば、すでに板門店よりも北に位置している。二〇〇世帯の静かな村だ。しかしそう思ったのは初めだけだった。韓国兵を乗せた軍用車やトラックが、ひっきりなしに村を貫く道路を行き交っている。そして道路とすぐ脇のくさむらの間には鉄条網が敷かれている。そしてハングル文字で「ジレ」と書かれた赤い三角の標識がぶらさがっている。

ジレ。地雷のことだ。その標識のすぐ前にバス停があり、年老いた男性と中年の女性がなかなかやってこないバスを気長に待っているところだった。すぐ隣にある公園では、幼い子供たちがにぎやかにかけまわっている。どこにでもあるごくありふれた風景と、すぐ背後にある地雷原。このアンバランスさとギャップに、かえって地雷という武器のもつ不気味さが迫ってくるような気がした。

「一九六一年の七~八月にキューバ危機があってね、共産主義に対抗するために政府がこのあたりに地雷を埋めたんだよ。その翌年に三人の兵士が誤って地雷原に入って死亡したよ。このへんじゃ木を刈りにいって地雷を踏んで亡くなった人も一人いるし、地雷を踏んで足がなくなって苦しみ悶えながら絶命したケースもあるね。野菜を運んでいた車が地雷に触れて車ごと吹っ飛んでしまったこともある。いまワシが話をしているちょうどこのへんにも地雷が埋まっていたらしいな。ここでもやはり事故が起こっていて、それは地雷除去の作業にあたっていた人だった」

村でガソリンスタンド等を経営しているユ・ビョンジュさん（六二歳）は、ノゴン里での地雷被害について語った。補足すると一九六一年という年は、韓国ではパク・チョンヒ将軍が軍事クーデターで政権を握った年である。そのとき世界ではキューバ危機が起こるという事件が重なって、この間に北朝鮮のキム・イルソン政権が南に侵攻するのではないか、という恐れを韓国はいだいた。そこで北への通り道に国防のために地雷を埋めたのである。

ノゴン里では四つの民間業者が地雷除去を請け負っている。その費用はかなり高い。地主の家系でもともと裕福だったユさんは私財を投じて、あるいは飼っていた牛一三頭を売り払って地雷除去に尽力してきた。もちろん地雷の除去はアメリカの許可なしではできないので、一五年という時間がかかった。そのおかげで現在、かなりの地雷が村から撤去された。子供たちが遊んでいる公園は、その前を走っている道路よりもやや高台にあるのだが、実はここもかつては地雷原だった。その上に土を大量にかぶせて公園にしているのだ。Cコースの参加者からユさんへの質問が相次いだ。

「村から『国が地雷を除去してほしい』とか申し出したことはありますか。もししたならば、そのときの国の返事はどうだったのでしょうか？」

「政府に訴えたことはないよ。訴えようという頭もなかったね。政府が何をしてくれるともおもっとらんし。だからワシがここをどうにか平和にしないと、と考えとるよ」

「でも韓国軍が明白にここに地雷を埋めたわけですよね？　ということは軍に責任があるのではないですか。それとも、最初から責任追及をあきらめているのでしょうか？」

「ここは特別な土地なんだよ。国防という面でもな。だからこの地域では軍人がいちばん地位が高いのだ。そんな状況で軍人にもの申すなんて考えられないよ。軍人が地雷の除去を許可してくれただけでもよかったと思っているほどなんだからね」

ユさんと大挙しておしよせたCコース参加者が質疑応答していると、さっきまで公園で遊んでいた子供たちが珍しがってやってきた。彼らはここがかつて地雷原だったことを知っているのだろうか。

「あの公園が地雷原だったことぐらい知ってるよ」

「北が攻めてくるから埋まっているんでしょ」

「でも南北の関係は前よりもよくはなってるから、北がここに攻めてくることはないと思うよ」

ノゴン里の子供たちは口々に、元気よく語った。

「最北の駅」での出会い

ノゴン里をあとにしたバスは、国道三号線をさらに北に向けて走る。ときおり行き違う軍用トラックから、韓国軍の若い兵士たちが僕らのバスに向かって笑顔で手を振ってくる。ガイドのキムさんは言う。

「ここらあたりにくるとすべて軍用道路です。いまは道も立派になって、かなり山登りも楽になりましたが、このようなデコボコした道にくると韓国の兵士がいかに苦労したかがわかるんですね。でもこの頃の韓国の若い人は平和ボケして、しょうがない、義務だから軍にいって二年間の男子の勤めをはたした、と思うくらい。昔とはもう感覚が全然違うんですよ」

そのうち左手に線路があらわれ、国道三号線と並走するようにのびていく。これは京元線。かつてはソウルと北朝鮮の港町・元山を結んでいた。京義線と同じく、朝鮮戦争によって断絶されている。現在、韓国側の京元線はソウルの竜山駅から九二キロ離れた新炭里駅までだ。僕らのバスは新炭里駅の前で停車した。ここは現在、韓国最北の駅となっている。清掃の行き届いた、こぎれいなプラットフォームを見ていると、何の変哲もない普通のローカル駅のように思える。実際、この駅はそういう性格の駅であった。しかしながら、南北を引き裂いた戦争がこの小駅を、「韓国最北端の駅」という南北分断の悲劇の象徴に変えてしまった。新炭里と書かれた駅名標に、次の駅名が空白になった矢印があるのが、それを物悲しく語っている。線路はプラットフォームからさらに北のはずれまで行ったところで、突然、途切れていた。行き止まり地点にはハングル文字の看板がある。その下には英語で We want to be back on track. おれたちは線路に戻りたい、という悲痛な叫びになっている。

後方で電車が近づいて、やがて停車する音が響いてくる。僕らは行き止まり地点から引き返した。色とりどりに山や花びらを簡略化したイラストをほどこされた車両が、プラットフォームに横づけされている。ちょうどすべての客が下車したところで、中にはだれもいなかった。

小さな駅舎のほうに戻ると、京元線の路線地図をのせた大きな看板があることに気付く。看板には「鉄道中断駅」と漢字で書かれており、新炭里駅とその北の鉄原駅を結ぶ線路記号の上に短い赤線がある。そこが「鉄道中断点」となっていた。これを眺めていると新炭里の駅長さんが、突然の訪問者にもかかわらず、僕たちに京元線の解説を始めた。

「万が一、統一したと仮定したら金剛山までは二時間半、そして元山までは四時間で行けます。ちなみにここからソウルまで各駅停車で二時間半かかります」

看板の京元線は、鉄道中断点と休戦ラインは書かれているものの、いま見てきたように途切れてはおらず、軍事境界線を越えて元山、そしてさらに北方のロシア国境までも延びていた。それは、いつかは列車で金剛山や元山に行ってみたい、という韓国の人たちの願望を、そしてそれはつまり南北統一の願いを代弁していた。

そこに、日本語を話すひとりの年老いた男性が現われた。キム・ギョンジュンさん。年齢は八〇少し前というが、見た目にはもっと若そうに思えた。このキムさんは看板にある「平康」という地名を指差して、私はここで生まれました、と言う。現在は北朝鮮の領内にある。京元線が元山まで通っていれば、ここから一時間もあれば行けそうな場所である。ちなみに日本の統治時代、キムさんは機関士の仕事をしていたという。

その話を聞いて、はっとした人がいる。Cコースの参加者で遠藤功一さん（五九歳）。遠藤さんは日本統治下の朝鮮で生まれた。その地は現在、やはりキムさんと同じく現在は北朝鮮領である。なかなか訪問することが難しい北朝鮮に行ける。そう思い、遠藤さんは南北コリアクルーズに参加した。そんな遠藤さんの父親は東京にある鉄道学校を卒業後、植民地支配下の朝鮮鉄道に就職し、清津（北朝鮮北東部にある街）や他の駅の駅長をつとめていた。ひょっとすると、との思いで遠藤さんはキムさんに尋ねた。

「キムさん、私の父親をご存じではないでしょうか？」

「どういうお名前でしょうか？」

「エンドウサトシです」

その名を聞いたときキムさんの表情が変わった。

「ああ、とても真面目なかたで、私は部下としてつとめておりましたよ」

偶然とはいえ、何ということだろうか。駅長だった父親の部下と、そのゆかりの地・朝鮮半島のしかも軍事境界線に近い「最北の駅」で出会うことになろうとは。キムさんは、先ほどこの駅に着いた電車がソウル方面の議政府という町に向けて折り返し発車するので、それに乗って自分が暮らす東豆川に帰宅するところだったのだ。

遠藤さんは感激するよりも、あまりのことにろうばいしてしまった。

遠藤さん一家は終戦間近の一九四五年二月に、朝鮮から引き揚げている。そして父親は妻とまだ小さな功一さんを連れて釜山までの列車に乗せていった。しかし父は朝鮮から引き揚げる日本人の鉄道荷物がまだいっぱいあるので、ちゃんと積み込んで釜山まで持っていかねばならないという仕事が残っていた。律儀な性格の父は「それが全部なくなって初めて自分の任務が終わる。そうしたら私は内地に戻るよ。だからお前たちは先に帰っていなさい」と妻と功一さんに言い残し、北の方へ戻っていった。そしてこれが功一さんとその母にとって、父との最後の会話になった。同年八月、ソ連軍が朝鮮半島の北部に侵攻し、功一さんの父はその捕虜となった。そして元山の近くにある集団収容所に入れられてしまう。あまりにも劣悪な環境だったため、すぐに病気

上：韓国最北端の駅を示す看板を前に説明する新炭里の駅長さん
下：キム・ギョンジュンさん（右）と遠藤功一さん（左）。新炭里駅にて

がはやり、多くの日本人がここで命を落とした。功一さんの父もここで亡くなった。功一さんがそれを知ったのは、父の部下の日本人によってだった。この人は日本に帰国して、すぐに収容所での一部始終を伝えた。その話は、あまりにも生々しかった。

「あの時はおおぜいの人が亡くなったんで、自分のような元気な者が荷車で死体を運んだ。そして穴を掘って、そこへ死体をボンボンボンと投げ入れたんだ」

太平洋戦争が終わってから、キムさんの人生も歴史の荒波にほんろうされる。朝鮮戦争が起こり、北緯三八度線付近は激戦地となった。生まれ故郷の平康も例外ではなかった。キムさんだけが家族と別々になり、南に逃れた。そして南北の分断。父母や一族のほとんどは北に残ったままだった。そしてそれからおよそ半世紀。その消息はいまだにわからない。キムさんは朝鮮半島に一〇〇〇万人以上いる離散家族のひとりだった。

「父も母も年齢からいえばもうこの世にはいないでしょう。ただ体制の違いもありますから、いまは故郷のある北には行く気にはなれません」

キムさんは涙を流して言った。

「このままでは電車に乗り遅れてしまいますよ。そろそろ行ったほうが?」

遠藤さんも感極まったのと、自分の父親の人生とキムさんの人生をオーバーラップさせてつらい気持ちになったのか、キムさんに促した。そしてプラットフォームまで送って、いつまでもお互いに言葉をかけあっていた。

まもなく電車は動きだした。キムさんの故郷がある平康の方角ではなく、いまの住まいがある南の方へ。

バスは新炭里駅を離れ、今晩泊まることになっている大馬里に向かう。

やはり仁川からバスに同乗していた韓国のゲストに、イー・ジェボン氏がいる。朝鮮半島の分断と統一に関する問題の専門家で、ウォンクワン大学の教授でもある。イー教授は南北コリアクルーズに神戸からの乗船を希望していた。つまり北朝鮮の訪問をはたしたいと願っていたのだ。しかし残念ながら、韓国人ということで北への訪問は見送られ、仁川から東京までの乗船となった。ここにも南北分断の現実が、重くのしかかる。

イー教授はきょう見た二つの鉄道について話し始めた。

「京義線および京元線がつながるということは韓半島の南北がつながるということだけではありません。ユーラシア大陸をつなぐという意味もあるのです。日本の北海道から青函トンネルを通り、釜山から北上し鴨緑江を越えて中国、シベリアを通過してイギリスのロンドンまで行けます。釜山から対馬まで五〇キロ、対馬から壱岐まで五〇キロ、壱岐から唐津までが五〇キロで計一五〇キロ。唐津から海底トンネルを掘ってこれが実現した場合、四方を海に囲まれた日本のかたがたが鉄道に乗ってヨーロッパの島国であるイギリスの最北端まで行けるのです。現在、日本は島国なのでピースボートは船による世界一周企画を企画していますが、これから五年後になるか一〇年後になるかわかりませんが、海底トンネルができて列車旅行ができるようになった場合は、もう船は必要ありません。ただ、それにはひとつの条件があります。南北コリアが現在のように敵対してにらみあうのではなく、南北が統一まではいかなくとも平和な条件で相互が仲良くしたら、皆さんは『ピーストレイン』として世界どこでも行くことができます。ですから日本の皆さんもいっしょうけんめいに南北の平和のために寄与してください。東京からロンドンまで列車に乗って行く夢を願いながら……」

退役軍人たちの怒り

大馬里は、もう少し北に行けばＤＭＺという位置にある。

広がる田園を背に、開拓記念碑がたっていた。六〇年代末からここの開拓にあたった人たちの名前が刻まれている。

この付近は朝鮮戦争の激戦地で、数多くの地雷が埋められた。軍事境界線に近いということ、そして土地がこれ以上ないほど荒れ果てたために、だれも入ってこなかった。六一年に政権を握ったパク・チョンヒ大統領は「土地を開墾したら、その土地を与えるから耕したい者は耕せ」と国民に号令する。当時の韓国はとても貧しかったので、食糧問題は悩みの種であった。そこで耕作地を増やさなければならなかった。さらにＤＭＺ付近は北朝鮮にも近いため国防という点からも開拓しなければならない、ということで軍隊の監視の下で七〜八年ほどの突貫工事による開拓が進められた。開拓民には「北朝鮮が目前にあるが、絶対に北に亡命しない」という強固な思想の持主が一五〇人選ばれる。それが退役軍人たちだった。

六六年あたりから開拓は始まり、開拓民自身で地雷撤去が行なわれる。国や軍から特別な補助があったわけではない。すべてが開拓民の自力によるものだった。つらい作業に音を上げて一

〜二日だけどこかに姿を消してしまう人も続出したという。また、六八〜七〇年の三年間で地雷を踏んで亡くなった者が一八名にのぼった。このような言語に絶する苦労をのりこえて、大馬里は開拓を始めてから三年目でどうにか住民がみんな食べられるようになった。

「いまじゃ、この村の若者が町に出て大学や専門学校にいっても、この村に戻ってくるよ。だってここで農業をしたほうが食えるんだからね」

開拓碑の説明をしてくれた老人が、誇らしげに言った。

夕食後、村の会館で大馬里の地雷被害に関する話を聞いた。

「ここでは入植者を班に分けて、その班ごとに地雷撤去にあたらなきゃいけなかった。その過程で亡くなった人もいっぱいおり、足が不自由な人も現在この村に六〜七人いる。農地はそのように多くの被害を生みながらも除去したのさ。まだ地雷が残っている区域もあるがね。まあ、そこに残っているのはみんな知っているから、だれも行かないし、住みもしない」

大馬里開拓初期の代表的な人物で、退役軍人のイー・ドンリュン氏（七五歳）は語り始める。ちなみに死亡者一八名というのは開拓時期の数字であり、七〇年以降の被害は埋設された地雷が洪水などで流出して、それを踏んでしまったというケース。それから山奥に入っていって、そこに埋めてあった地雷を踏んだというケースもある。地雷が埋められている地域全体でいうと年に三〜四件事故が起きている。大馬里ではもう大丈夫だが、近隣の村では事故が多発しているそうだ。

イー氏などこの地域に入植する者はあらかじめ覚書を書かされたという。「この地域には地雷が埋まっている。地雷によって起きる被害に関しては、国は一切責任を負わないし負うべきものでもない」と一筆書いて開拓に出かけた。そこまで一筆を書いて、地雷原を開拓しようとしたのはなぜだろうか。

「飢えて死のうが、足がなくなろうが、やってみなければわからない。入植して成功し、自分の土地が持てるのであれば、やってみようという気持ちだった」

朝鮮戦争は全土をいちじるしく荒廃させた。それゆえに韓国は貧しく、人々の生活は厳しかったのだ。しかしこの覚書は、政府や軍は地雷被害に対する補償を一切行なわない、ということでもあった。イー氏も「もう一筆書いてしまったんだから補償を求めたこともない」と言う。退役軍人だったイー氏は、国や軍に対して忠誠心が強い。地雷はこの国に必要ですか、残っているなら撤去したいですか？　という質問に対しても次のように答えた。

「我々は軍事的に重要な拠点に住んでいるので、それは軍の管轄であり、我々がどうこう言う筋合いのものでもない」

そのようなイー氏たち大馬里の住民が、最近憤っている問題がある。

「この土地は休戦ラインに近く、北側の支配下にあったこともある。軍事的にも重要な土地だとわかって入植し、犠牲も払いながらどうにかこうにか農業を成功させてやってきた。それがいつかは認められるだろう、と思ってやってきた。ところがここ最近五年くらいの話なのだが、この土地が非常に潤ってきていて地雷の被害もほとんどなくなったとたんに、もともとの地主が現われた。彼らは地雷原だったときは危険だからと現われなかったのに、いまになって我々入植者に『出ていけ！』と言い出した」

そしてこれは資本主義では仕方がない、地主がいるかぎりはどうにもこうにもひっくりかえらない、とつぶやく。開拓のとき、覚書には土地に関する所有権は一切書かれていなかった。そこで所有権を主張する者が現われたら、手渡すか売ってもらうしか方法がない。イー氏ら退役軍人はあきらめつつも非常に怒っている。自分たちがいまになって小作人に落ちるか、全てを取られてしまって出ていかねばならないかの選択を迫られている。

彼ら退役軍人は、結局、地雷除去の「捨て石」だったのだろうか。覚書などから考えても、そう勘繰らざるをえない。ハン氏らの「共に歩む人々」は彼らの補償をなんとかできないのか、と政府や軍と交渉を続けている。

まもなくイー氏ら村人たちと僕らは酒をくみかわした。初めのうちは「地雷の撤去は軍の管轄だから、我々があれこれ言うことではない」とか「南北朝鮮が、もう地雷はいらないという時代がいつくるのか、そんなことはわからない」と言っていたイー氏だが、酒がまわってきて「本音」を、ふと、漏らした。

「地雷は本当なら撤去したいんだ……」

朝鮮労働党舎の跡

翌九月五日。空は相変わらず青い。

大馬里をあとにしたバスは鉄原平野を走る。この平野は現在、韓国の穀倉地帯として名高いが、朝鮮戦争が終わるまでは北朝鮮の領土であった。昔から穀倉地帯として有名だった鉄原を握ることは、戦局にもその後の国造りにも重大な影響をおよぼすということで、この周辺は朝鮮戦争の激戦地となった。この日は、その激戦の跡や、南北分断の現実をＤＭＺの手前まで行って見てみようというスケジュールになっていた。

最初に訪れたのは、爆撃などですっかり廃墟と化してしまったコンクリート製の建物。これは、北朝鮮唯一の政党・朝鮮労働党の党舎跡である。朝鮮戦争が起こるまで、鉄原は北朝鮮の支配下にあったので、朝鮮労働党の建物があったのだ。そしてそれは、鉄原が北緯三八度線よりも実は北に位置していることをあらわしている。

「戦争が始まると、ここの住民で反共思想の持主だとチェックされた人は、みんなここに連れてこられたよ。そしてここにある地下室に閉じこめて死刑になったんだ」

と廃墟の中で語るのはユ・チョルファン氏（六五歳）。大馬里からバスに同乗している。党舎跡の前には案内板があり、日本語による説明もあり、次のようにあった。

この建物は八・一五解放（終戦）後、北韓（北韓国＊北朝鮮のこと）が共産主義独裁の強化と国民統制を目的に建て、六・二五動乱（韓国戦争＊朝鮮戦争のこと）まで使用した北韓労働党鉄原郡党舎として悪名を挙げたところである。北韓はこの建物を建てるとき、誠金という口実で、里あたり白米二〇〇かますずつを搾取し、人力と装備を強制動員した。

共産主義の下、五年間、北韓はここで鉄原、金化、平康、抱川一帯を、管掌しながら良民収奪と愛国者たちの逮捕、拷問、虐殺等、身の毛のよだつような蛮行を行なった。また一度ここに連れて行かれると、死体になるか不具になって出てくるほど、無慈悲な殺戮をほしいままにした。この建物の後ろの防空壕では、多くの人骨と一緒に、蛮行に使用した数多くの実弾と針金などが発見された。

ユ氏などこのへんの住民に恐れられた建物は、米軍のB29が五〇機やってきて町を爆撃・破壊したときに廃墟となった。ユ氏の生い立ちは、そのまま鉄原の激動の歴史をあらわしている。ユ氏が幼い頃、労働党舎跡の真向いにある山の裾野には神社があり、かならず参拝をやらされた。

廃墟と化した朝鮮労働党舎跡。手前の人物は地雷被害の体験を持つユ・チョルファン氏

そして小学校二年まで日本語を習わされた。そのような日本の植民支配が終わると、まもなく北朝鮮の支配下に変わった。学校では外国語はロシア語を習った。しかし朝鮮戦争で鉄原が韓国の領土となると、外国語は英語にかわった。

「小学二年生まで日本語をやったけど、忘れたなあ。ロシア語も忘れたよ。空襲、防空壕に逃れる、その合間に学校に行く、の繰り返しなので勉強を落ち着いてやるひまはなかったね。ただ、学校を卒業しただけだ」

と、ユ氏は笑いながら韓国語で言った。

戦後、この「忌まわしい」建物を撤去しようということになった。しかし、「これは韓国動乱の傷跡であり、またここに北朝鮮がいたという象徴でもあるので『安保資源』として保存しよう」という声が強まり、残された。建物跡の入口の上には横断幕がかかげられており、ハングル文字で「第一回統一祈願芸術祭」と書かれていた。この前の広場での開催を知らせているのだ。

バスに乗って次の目的地に向かう。バスが走る道の片側には地雷原が広がっている。その間、ユ氏の話を聞く。ズボンをはいているから見えないが実は彼の右足は、義足だった。

ユ氏は大馬里の第一班入植者だった。六七年、学校を建てるために建設に指定された区域を地雷探知機を持って除去作業をしているとき、地雷を踏んでしまった。探知機が反応しない爆風地雷（プラスチック製の小型地雷）に右足が触れて、膝から下を失った。被害にあう前、婚約していた。しかし右足を失ってしまったので結婚するかどうか、また結婚したところでどうやって生きていくのか、と非常に悩んだ。その末に出した結論は、やっぱり結婚、であった。そのために義足を買うことを決心し、ソウルに行った。当時の金額で二〇万ウォン（今の価値なら二〇〇万円ほど）と、とても高かったうえに、品質も悪く、足に合わなかったので最初は歩くのにとても痛い思いをしなければならなかった。しかしソウルの病院でリハビリし、一ヵ月以上歩行の練習をして、大馬里に戻った。足をなくしたときは松葉杖を両手でついて歩いていたので、村人たちは「結婚の約束をしている人もいるというのに、あれじゃあやっていけないんじゃないか」と噂した。ユ氏は言った。「でもね、結婚式が近づいていたので村に帰って普通に歩いていたものだから村中びっくりだったよ。足はどうしたんだ？　義足ってもんがあるのか？　って感じでね」

「南侵」第二トンネルにもぐる

バスは孤石亭というところに到着した。ここには美しい渓谷があり、それを眺めていると地雷原のなかを走ってきたという緊張感からしばし解放される。しかし、渓谷を眺めるあずまやの近くにたっていた看板が、やはりここは軍事境界線付近の緊張から例外たりえないのだ、ということを知らせていた。そこには

「九六〜九九年の水害により地雷が流れた可能性があるので要注意！」

という警告が書かれていた。

ここに寄ったのは、ＤＭＺに隣接する民間人統制区域に入る前に、韓国軍にその申請をするためである。僕らが渓谷を眺めている間、ガイドのキムさんはとある建物に入って、その申請を行なっていたのだ。

申請にやや時間はかかったが、無事にパスし、いよいよ民間人統制区域ツアーが始まる。北朝鮮から送られてくる電波を遮断する、丸い物体がまず目に入った。前方右側に、緑色の屋根を持つ小学校が見える。あれは民間人統制区域との境ギリギリに建っている。生徒数はそんなに多くないという。やがて右手に、かつて鉄原と金剛山をむすんでいた金剛山電気鉄道の鉄橋跡が現われた。レールはすでに撤去されてしまったが、鉄橋は残されたのだ。ここから金剛山までおよそ

四時間で行けたのだという。鉄橋にはハングル文字で「金剛山に走っていた鉄道の道」とある。金剛山はいま北朝鮮領内にあり、韓国から陸路での訪問はできなくなっている。

いよいよ民間人統制区域である。その証拠に検問所があり、軍人がひかえている。このバスはすでに許可を取ってあるので検問所でストップする必要はない。その印にバスの前には黄色い紙がはってある。ちなみにこの区域内で農業を行なっている人もいるが、区域から出る用事もある。その人は必ず戻ってこなければならず、その人の車には赤い印がはられる。検問所の軍人は車に印された色で、これが何者であるかを判断するのだ。しかも目印の色はいつも同じというわけではなく、別のものに変えることも多々あるそうだ。いつも同じ色だと、敵の侵入の際に逆利用されることを恐れてのことだという。

左側には大きな岩が、ほぼ同じ間隔で積まれている。北から侵入軍が入ってきたときに、これを落とすのだ。これで侵入のスピードは五分ほど遅れるそうだ。

「五つ星山」という大きな山が見えてきた。あの山は北朝鮮の領土内にある。性能のよい機材をそろえ、南側を監視する施設があるという。車のナンバープレートの色を見たり、そういう細かいこと全てがわかるようになっている。キム・イルソン主席はこの山を重視し、韓国側から見てもまったく見えないのだが、北側には実はきわめて軍事的に重要な施設がある、と言われている。

前方に村がある。子供も住んでいる。学校は、先ほど通ってきた緑の屋根のところまで通っている。この村を過ぎると、韓国内ではもう民間人は住んでいない。建物もない。建物があるとしたらそれは韓国軍の見張り台であり、これは非常に多い。たまに赤い帽子をかぶった民間人を見かけるが、それは区域内で農業を営む人だ。赤帽はその証明である。今度は左側にうっすらと北朝鮮領内の山が見える。はげ山だ。木がないのは、朝鮮人民軍が燃やしてしまったから。これなら侵入者を見つけやすいというのが、燃やしてしまう大きな理由だ。バスの通っている道の両側は、ひたすら地雷原である。朝鮮戦争から五〇年、ずっとこのまま放置されている。

やがて韓国側の限界線が現われた。この先はＤＭＺ。鉄条網が続いているが、これが限界線だ。写真の撮影はひかえてください、と言われる。

「南侵第二トンネル」に到着する。内部はおろか周囲の写真撮影も禁止されているので、カメラはバスに置いていく。黄色のヘルメットを着用し、列をつくらされる。そして案内をする兵士にしたがって、トンネルに入る。その前に迷彩服姿の韓国人男女の一団がトンネルから出てきた。みな息を切らしている。男性はともかく女性の迷彩服姿に一瞬ギョッとしたが、どうやら観光客であるらしい。

急な下り坂をおりていく。下に行けば行くほど肌を取り巻く空気が次第に冷たくなっていくのがわかる。トンネルは狭く、ときどき頭を上にある岩盤にぶつける。「カツーン」という音が一列になった参加者が歩いているあちらこちらから聞こえてくるということは、同じことを何人もしているのだろう。ヘルメットをかぶっていなかったら、と思うとますます体中が冷えてくる。階段を下り切って直進するトンネル内部に温度計があって、摂氏一三度となっていた。Ｔシャツ一枚ではかなり耐えがたい。

かなり進んだところで、先導の兵士が立ち止まる。その先はオリのように鉄格子がしてあって、先には進めなくしてある。後続の参加者が、どんどんやってくる。兵士は四列横隊になるよう指示した。そして説明が始まる。

「我々がいるところは地下から一五〇メートル地点です。北朝鮮がトンネルを掘って、ここに武器を保管していたのです。ここから先三〇〇メートル行くと休戦ラインです。地雷が埋まっていたりと危険なので観光客の立ち入りはできません」

兵士の説明によると、僕らが下ってきた階段は韓国側が掘ったものだ。階段を下り切って直進したトンネルは北朝鮮が掘ったものだという。本来、DMZは南北二キロずつなければならないのだが、このトンネルが発見されてしまったがためにこの地域のDMZが八〇〇メートルにせばまってしまった。洞窟には白チョークで印がつけられている部分があるが、そこにはダイナマイトがしかけられているという。このトンネルを発見したきっかけは、七五年に陸軍兵士二人がここを警備していたら、地下から爆発音が聞こえてきたからという。その異変を調べているうちにトンネルが発見された。相手兵士の姿は、もはやなかったそうだ。

兵士の説明が終わると、僕らは再び地上めざしてトンネルを歩く。最後の上り坂は、かなりきつい。先にすれ違った韓国人観光客の面々が息を切らしていたのが、なるほど、実感できる。表に出ると、めがねが白く曇って、何も見えない状態がしばらく続く。トンネル内と外の気温がかなり違うためだ。トンネル入口付近に日本語の案内板があるというので、めがねから曇りがとれるのを待ってから、その文を読んでみた。

「ソウル北方一〇八キロの地点にあるこの地下道は韓国軍の将兵が警戒勤務中、地下道から響く爆音を聞き取ることにより発見されたものであり、数十日間の粘り強い掘削作業の末、一九七五年三月一九日、大韓民国地域において二度目に発見された北韓の奇襲南侵用地下道である。地下道のある地点は堅固な花崗岩層で地下五〇～一六〇mにあり、地下道の総延長は三・五キロである。そのうち軍事限界線の南側一・一キロまで掘られてきたものであり、その規模は高さ二mのアーチ型トンネルである。この地下道は一時間内に約三万名の重武装した兵力と野砲などの大規模な浸透が可能であるように設計された北韓による予想外の挑発現場である。」

ちなみに韓国内で発見された「南侵」トンネルは合計四ヵ所ある。ガイドのキムさんは「現在でこそこのように来れますが、以前は持っているものをすべて預けて軍服に着替えなければなりませんでした。そして軍用ヘルメットをかぶって軍用トラックに乗って、そのトラックも草で偽装してここを通ったのです。なぜなら北側から丸見えですから」

と言った。ここでは恐ろしさよりも、悲しさを深く感じた。

鉄馬は走りたい……

バスは最後の訪問場所をめざして走る。いぜん、地雷原が続く。ハン氏は言った。

「韓国では新兵の教育のときに、『道じゃなければ入るな』と言われます。なぜなら道路以外はこのようにすべて地雷原だからです」

やがて、かつて鉄原の町があったという地域に入る。現在、五万五〇〇〇人が暮らす鉄原の町は朝鮮戦争後に新たにつくられたもので、戦前からの町は戦争ですっかり破壊され尽くしてしまった。平原にときおり、教会などの廃墟が点々と現われるのはそのためだ。バスは白い立派な建造物の前に停車した。「鉄の三角展望台」というもので、川原の土手のようにつまれた、長い堤防のうえにそれは建てられている。そのてっぺんには鉄条網が、ずーっと東西に続いている。鉄条網の先はＤＭＺ、そして軍事境界線、またＤＭＺ、それから北朝鮮。展望台からはそれらが見渡せる。

　しかし展望台には上がらず、駐車場に隣接するように建てられた小さな駅舎に、僕らは吸い込まれていく。月井里駅。きのう、新炭里駅に行った。新炭里が現在、京元線の韓国最北の駅であり、レールは駅の先で無残にもとぎれていた、というよりちぎられていた。民間人統制区域には京元線の廃線跡に沿って二つの駅が、もう使われていない廃駅として存在する。ひとつが鉄原駅であり、もうひとつがこの月井里駅だ。

　ＤＭＺのフェンスぎりぎりにある月井里駅は、駅舎もプラットフォームも往時のようにきれいに復元されていた。しかし構内には、朝鮮戦争のときに最後の汽笛をあげた蒸気機関車と、国連軍の砲撃によって破壊された朝鮮人民軍の貨物列車の残がいが赤錆だらけになって放置されていた。そしてその横には、かつては煙をあげて元気よくソ

ＤＭＺに隣接して復元された月井里駅。「鉄馬は走りたい」の看板が物悲しい

ウルと元山の間を走っていた機関車と客車の絵が描かれている大看板があった。機関車には韓国国旗である太極旗が二つ、飾られている。

ソウル一〇四キロ　ピョンガン（平康）一九キロ　ソンジン四七八キロ

釜山　五四三キロ　ウォンサン（元山）一二三キロ　チョンジン（清津）六五三キロ

モッポ（木浦）五二五キロ　ハムフン（咸興）二四七キロ　ナジン（羅津）七三一キロ

絵の下には月井里駅から、各地への距離がしるされている。ソウル、釜山、モッポ以外は現在すべて北朝鮮にある街の名前だ。

そして絵の上部には漢字とハングル文字をまぜて、こう書かれていた。

鉄馬は走りたい

鉄馬とは蒸気機関車のことだ。

いったい、いつこの駅は、本来の駅としての役割を取り戻すのだろうか。

月井里駅の写真撮影は、つねに鉄条網を背にして行なわねばならなかった。というのはDMZのほうにカメラを向けるとフィルムを没収されるからだ。月井里駅の先には、DMZをしめす長大な土の堤防がある。ここから先は、いま、だれも越えることはできない。DMZは民間人統制区域とは比べものにならない地雷原だからだ。危険な地雷原に何度も足を運び、調査を進めてきた「共に歩く会」のハン氏も、ここには行けない。ハン氏は、このように言った。

「もし、足が地雷によって吹き飛ばされても、そのことでマスコミが注目し、地雷廃絶に向かうのであれば本望です。私の夢は祖国統一ですから」

プラットフォームの花壇のそばで、観光客だろうか二人のおばあさんが昼飯を食べていた。そして突然のおおぜいの訪問客にも驚かず、ニコニコとほほえみを絶やさなかった。彼女たちの背後の殺風景さと、そのほほえみのあまりのコントラストにかえって南北分断の悲しさが浮き彫りにされているような気がした。

月井里駅をあとにして、仁川港に向かうバスのなか。アン・チファンの「三八度線は三八度線にだけあるのではない」という曲の歌詞が、幾度となく頭のなかをかけめぐる。

沈黙の壁　エゴの壁　あなたの胸のなかにも
ある　ある　ある　どこにだってあるさ
三八度線はどこにだってある

三八度線はどこにだってある
三八度線はどこにだってあるさ！

第5章　ザ・ライン

日本で誕生した統一コリアチーム

九月五日午後七時、オリビア号はくれなずむ仁川港を出港した。そして三日後の夕方には東京に着いてしまう。

僕が南北コリアクルーズに飛び乗ったのは、二〇〇二年のFIFAワールドカップ・コリア／ジャパンで「統一コリア」チームが実現するのか、そしてピョンヤンでの分散開催が実現しそうなのかどうなのか、ということを現地で肌身に感じたかったからだ。ところが朝鮮半島の南北コリア統一チームおよび分散開催が、非常に難しい状況にあるのに対し、実は日本では南北コリアの統一チームが生まれていたのである。

二〇〇〇年一二月一五日、「在日大韓蹴球団」というサッカーチームが産声をあげた。在日本大韓民国民団（以後は、民団）に所属するチームだったが、このチームを結成させる際に、北朝鮮を支持する在日本朝鮮人総連合会（以後は、総連）にかかわっている朝鮮籍でも参加しても構わないとよびかけている。一九五八年に発足した在日本大韓蹴球協会は、在日同胞の選抜チームをつくり、毎年秋に開かれる韓国の国体に派遣してきた歴史を持つ。ここ数年、韓国のアマチュアチームが参加する大会のなかで最高レベルの「大統領杯」に在日チームを参加させようという声が高まり、南北を問わず在日コリアン最強チームの結成に乗り出したことが、その背景にある。こうして二〇〇〇年三月から七月にかけてセレクションが行なわれ、全国から二〇人の代表が選考された。そのうちの七人が朝鮮籍であった。もともと在日コリアンの若者の間には、民団も総連もなく普通に友人として付き合っているケースが多く、ある意味では「在日大韓蹴球団」の南北統一チーム誕生は自然な流れだった。

そして二〇〇一年三月、在日本大韓蹴球団は韓国の「大統領杯全国サッカー大会」に登場した。この大会は日本でいうと元日に決勝が行なわれる天皇杯にあたり、男子部門ではプロ、アマ、大学の四八チームが参加する。初戦で亜州大学に二対三で惜敗したが、在日コリアン南北統一チームとして、歴史的な一歩を印した。

しかしこのチーム誕生のもうひとつの背景を知ると、日本人としては複雑な気持ちになる。というのも「日本でサッカーができないなら、母国でやろうじゃないか」というのが在日本大韓蹴球団結成の動機のひとつだったからだ。日本で生まれ育った在日コリアン選手が日本でプレーするには高い壁があるということを知らないと、その背景はなかなか理解できない。日本サッカー協会規約で、日本国籍以外の選手が六人以上いるチームは「準加盟」扱いとなり、地域リーグや全国大会には出場できない。Jリーグには日本の学校を卒業した外国籍選手のための「特別枠」があるが、わずか一つのみ。つまり在日枠一というのは、ほとんどないに等しく、もし日本でサッカーをしたいのなら日本国籍を取得するしか道がない。そこで在日本大韓蹴球団を結成し、韓国の大統領杯で活躍すればKリーグから声がかかるかもしれない、というのが指導者や選手の夢であり目的でもある。在日コリアンの南北統一チーム誕生は、とても喜ばしいニュースではあるが、その背後には日本サッカー界の度量の狭さがあったというのが、とても皮肉なことであり日本のサッカーファンとしては非常に情けない気がする。

よみがえる隠れた強豪

しかしながら日本スポーツ界もいつまでも閉鎖的なわけではない。九一年に日本高野連が外国人学校の参加を認めたのが、その第一歩である。つまり韓国学校や朝鮮高級学校にも甲子園への道が開かれたのである。現在、京都韓国学園がハイレベルな京都予選を戦い、史上初の外国人学校の甲子園出場をめざしている。高校野球に続いて全国高校総体（インターハイ）や全国高校サッカー選手権も在日コリアンに対して門戸を開くようになる。そして九九年八月、岩手県で開催されたインターハイに外国人学校として初めて団体競技に出場した大阪朝鮮高級学校サッカー部が試合に臨んだ。相手は選手権大会で五度の全国制覇を誇る強豪・帝京高校（東京）である。不思議な縁である。帝京が高校サッカーの頂点に立てるようになったのには、近くにある東京朝鮮高級学校の存在があるといわれているからだ。外国人学校ゆえに全国大会に参加できない東京朝鮮高は、実は「隠れた強豪」と言われ、帝京はいつも練習試合で負かされていたという。朝鮮高に負けるな、と猛練習を重ねた帝京はいつしか日本一の名門になっていったというわけである。この試合は経験豊富な帝京が有利といわれていた。しかし試合終了直前に大阪朝鮮高は二対二の同点に追いつき、ＰＫ戦へ。全国各地から応援に駆けつけた朝鮮籍の人々の声援のボルテージは一気に上がった。残念ながらＰＫ戦で敗れたが、帝京を追い詰めたその戦いぶりに拍手は鳴り止まなかった。さらに二〇〇〇年末に開幕した全国高校サッカー選手権大会に、大阪代表としてやはり大阪朝鮮高が初出場を果たした。初戦で神奈川の強豪・桐蔭学園とぶつかり一対三で敗れたものの、戦前に朝鮮勢が巻きおこした旋風の再現が近い将来あるかもしれない。

「隠れた強豪」といえば、「在日朝鮮蹴球団」の存在を忘れるわけにはいかない。在日朝鮮人サッカー界の頂点に君臨するチームで、総連の傘下にある。サッカーはとりわけ在日朝鮮人の間で人気が高く、六〇年に北朝鮮への帰国事業の一周年記念として東西対抗試合が新潟で開催された。このとき全国の在日朝鮮人の間からすぐれた選手が集まり、この機に各地を巡回しながら親善試合をする選抜チームをつくろうということになった。それが在日朝鮮蹴球団である。その後、総連の機関に籍を置きながらサッカーに専念するセミプロになった。

在日朝鮮蹴球団には外国籍選手が六人以上いるために、日本協会の規約で「準加盟」とされ都道府県大会までしか参加できなかった。しかしその高い実力は、すでにサッカー界では名高かったので、日本国内のトップレベルチームと練習試合を重ねて、さらに強さを増していった。北朝鮮代表がベスト8に進出したイングランド大会のあった六六年、釜本邦茂・現日本協会副会長などの名選手を擁し、そのシーズンの天皇杯で優勝した早稲田大学を破っていることからも、その実力の高さがうかがえる。さらに八〇年代以降は、在日朝鮮蹴球団から北朝鮮代表選手を数人送り込んでいる。九八年には東京都社会人リーグ一部を無敗で制覇。ただし規約の壁で関東大会への出場はならなかった。

そんな隠れた強豪にも転機が訪れた。九三年Jリーグの開幕である。これを機に、日本のサッカーを取り巻く環境は激変した。在日朝鮮人選手も活動制限がある蹴球団よりもプロをめざすようになっていった。そして二〇〇〇年、セミプロを解消し、若手主体のチームに改編したのである。戦力はややダウンし、二〇〇〇年シーズンは東京都で上位に食い込むことができなかった。

そしてもうひとつ大きな変化が訪れた。二〇〇一年一月の日本サッカー協会理事会で、準加盟チームの全国、地域レベルの大会への参加が認められるようになったのだ。つまり在日朝鮮蹴球団も都リーグ一部で三位以内に入れば関東社会人大会に出場でき、そこで準優勝以上だと関東リーグに昇格。関東リーグ優勝などで地域リーグ決勝大会へ進み、そこで準優勝以上だと日本フットボールリーグ（ＪＦＬ）昇格となる。ＪＦＬはＪリーグのディビジョン1、その下のディビジョン2に次ぐリーグである。

ＪＦＬ昇格という大きな目標ができたことで、在日朝鮮蹴球団だけではなく在日サッカーはこれから大きく盛り上がっていくことになりそうだ。朝鮮高級学校や朝鮮大学校出身の選手は外国籍のハンディに泣かされ続けてきた。しかし在日朝鮮蹴球団の存在は、彼らの励みになろう。そして二〇〇一年一月現在、全国に九四ある在日コリアンチームの希望の星ともなるに違いない。

また在日コリアンから初めて韓国代表選手が生まれた。それがパク・カンジョ選手（二一歳）だ。兵庫県の滝川二高から全国高校サッカー選手権に出場し、Ｊリーグの京都パープルサンガに入団した。二年間で出場はたったの一試合。しかしサッカーで生きる道を韓国に求めたパク選手は二〇〇〇年にKリーグの城南一和に移籍。これはJリーグから初のKリーグ移籍であり、在日コリアンとしても初めてのKリーグデビューとなった。そしてそのシーズン最初のカップ戦で城南一和のベスト4入りに貢献したパク選手は、同年五月末にソウルで行なわれる対ユーゴスラビア戦の代表メンバーに抜擢されたのだ。このときは四ヵ月後に控えていたシドニーオリンピックをにらんだ二三歳以下の若手中心の構成ということもあったが、Kリーグデビューから二ヵ月での代表選出でパク選手は一気に有名になった。

思えば日韓共催が決まった九六年五月末から、もう五年の歳月が流れていた。まだ、と言うべきかもしれない。その間に、日韓そして在日コリアンを取り巻くサッカー環境は、これまでの四〇年間の歩みに比べれば、恐ろしいほどに変わった。革命的、というややもすれば大げさに聞こえそうな表現が、実はもっともピッタリしているくらいに変わった。サッカーに関して言うならば、時代は少しづつ、そして確実に良くなっている、と思う。

ラインはわたし、そしてあなた

その進歩を、最終確認する場が二〇〇二年FIFAワールドカップ・コリア／ジャパンだった。その場で、南北コリア統一チームが結成されフィールドを駆けめぐり、ピョンヤンでも二試合が行なわれたら、それはとてつもなく素晴らしいことであろう。そうすれば名実ともにワールドカップ・コリア／ジャパンが実現し、サッカーを通じて東アジアの平和づくりが始まる……。

僕がこの二週間で見てきたことは、どうやらそれがまだまだ夢物語に近いことを思い知らせてくれた。あと三ヵ月足らずで、釜山ではワールドカップの組合せ抽選会が行なわれる。それまでにピョンヤン開催が決まらなければ、分散開催は霧と消える。

しかしもしそうなっても、僕には絶望感はないだろう。神戸を出るとき、そしてピョンヤンに着いたときに抱いていた「二〇〇二年には統一コリアチームとピョンヤン開催が実現するべきだ」という強い思いは、不思議と薄らいでいた。それは南北分断の現実に直面して生じた「あきらめ」によるものなのか？ あるいはそうかもしれない。しかし、旅の途中でもっと大きなことに気が付いたことが、絶望感やあきらめといったネガティブなものを生む余地を心に与えないのだろう。

あわてることはないのだ、何も。ワールドカップは二〇〇二年だけではない。二〇〇六年にはドイツで、二〇一〇年にはアフリカ大陸のどこかで行なわれるのだ。九一年に統一コリアチームが初めて結成された卓球で、団体女子チームは見事に世界一に輝いた。しかし優勝メンバーの韓国選手にとって、それは苦い思い出にもなっている。

「私たちは純粋に心を一つにし小さな統一を成し遂げた。でも、あの一回だけ。政治に利用された気もする」

二〇〇〇年八月一三日付け「朝日新聞」朝刊で、玄静和（ヒョン・ジョンファ）さんはそう振り返っている。

思えば二〇世紀を通してスポーツというものは、何かにつけて政治に利用されてきた。とりわけ世界でもっとも多くの人に愛されているサッカーの場合、その影響力の大きさから政治に利用され、ねじまげられてきた歴史を持っている。卓球もそうであったが、ポルトガルのワールドユースに出場した統一サッカーチームも、この一回きり。

「スポーツと政治は別物」とはよく言われることであるし、まさにその通りであってほしい。しかしながらこれまでの歴史を見ていると、その言葉は虚しい。だから、こう言いたい。二一世紀はスポーツが政治をいい意味で逆利用するべきだ、と。南北コリアがサッカーによって平和に向けて進んでいく。これはひとつの壮大な実験になるだろう。

ただし、あせってはいけない。たまたま二〇〇二年がFIFAワールドカップ・コリア／ジャパンだからといって、あせるのは禁物だ。サッカーのような団体競技は、イレブンやサブのメンバー、そしてコーチのコミュニケーションが重要だ。それは単に、同じ言語を使っているから大丈夫、という問題ではない。信頼関係があって初めて素晴らしいプレーが生まれ、観衆も感動する。最近はヨーロッパのビッグクラブチーム（たとえばレアル・マドリッドとかマンチェスター・ユナイテッドなど）のメンバーを見ると、実に多国籍である。どうやって会話しているのかと思えるほどだ。しかし彼らのプレーは、間違いなく世界最高峰なのだ。

話を統一コリアチームに戻したい。政治的ショーとして統一コリアチームが生まれたとする。それで話題は独占できるかもしれないが、ワールドカップの主役はフィールドでプレーする選手であり、その信じられないような動きが生み出すきらめきに人々は酔いしれるのだということを忘れてはいけない。現在の韓国と北朝鮮の戦力差、そして北朝鮮の国際経験のブランクを考えてみて、そのようなチームが生まれるだろうか？　真の最強コリアチームが生まれるには、南北の信頼のきずなが強まり、念入りに準備を重ねて初めて可能になるのではないか。

そう考えれば、二〇〇二年はひとつの通過点にすぎない。だから僕は待とう。真の統一チームが五年後、あるいは九年後に現われるのを。それがソウルやピョンヤンである必要はない。合同入場行進がオーストラリアのシドニーで初めて実現したように、統一サッカーチームの出現がベルリンでもケープタウンでも、それはもはや小さな問題にすぎない。くりかえしになるが、この五年間で日韓および在日のサッカー環境は大きく変わった。それが南北コリアの間では起きない、とだれが断言できるだろうか。二〇〇六年あるいは二〇一〇年、さらにその先には南北コリアのサッカーが良い方向に進んでいることを信じたいし、僕は確信している。

九月八日午後、オリビア号のスポーツデッキ。僕はピョンヤンのサッカー交流に参加した若者たちにまじって、ミニサッカーを楽しんでいた。すると進行方向左手に羽田空港の滑走路が見えてきた。もうすぐ、南北コリアクルーズはフィナーレを迎える。

右手にお台場が現われ、レインボーブリッジをくぐると、東京・晴海の客船ターミナルは近い。神戸の出航のときとは対照的に、鉛色の空が低くたれこめ、ときどき雨が落ちてくる。それでもターミナルにはおおぜいのおむかえの人々が集まっていた。

オリビア号のデッキにそなえつけられたスピーカーから、曲が流れ始めた。神戸を出航するとき、南浦そして仁川を船出するとき、さらには海上の三八度線に停泊していたとき。いつもいつもこの曲は南北コリアクルーズ参加者とともにあった。

Where's the line between love and hate.
Where's the line between north and south.
Where's the line between man and woman.
Where's the line between you and me.

このクルーズにも乗船した歌手の沢知恵さんの曲「ザ・ライン」。この曲は南北コリアクルーズの出港テーマ曲に選ばれていた。このあとに続くのはこんな意味だ。

ラインはある、見えないラインがこの世界のいたるところに
私たちの人生のいつでも
でもあなたがそれを越えようと思ったら、
実はとても簡単なこと
だってラインはあなたなのだから

南北コリアで見たのは三八度線をへだてる軍事境界線だけではなかった。アン・チファンも歌っていたように人と人をさえぎるラインというものは三八度線だけにあるのではない。日本と韓

国のあいだにも、日本人と在日コリアンのあいだにも、そして僕らの心のなかにも簡単につくることができるものなのだ。それは越えがたいものに見える。ＤＭＺにあった冷たい鉄条網のように。しかし意外と、それを越えるのは簡単なのかもしれない。あわてず、じっくりと、誠実にやれば。

オリビア号が晴海に着岸するとき、曲は最後のリフレインに入っていた。

The line is me, the line is you～.

第6章 AGAIN 1966

ワールドカップ、開幕

南北コリアの船旅からの三ヵ月足らずは足早に過ぎ去っていった。

いつしか東京の夜もかなり肌寒くなっていた。コリアクルーズ前後のようなムッとした蒸し暑さは、もはや微塵もない。

そんな一二月一日の夜、僕は夕食もそこそこにテレビの前に釘づけとなっていた。ブラウン管には半年後に開幕するFIFAワールドカップ・コリア／ジャパンの抽選会の模様が映し出されていた。韓国有数の港町・釜山がその会場であった。日本はどの国と同じグループに入るのか、という関心はもちろんのこと、優勝候補といわれるあの国はどこに組み入れられるのか、といった興味もたっぷりあった。

しかしながら、もうひとつの関心事もあった。それは、開催都市のなかに「ピョンヤン」という名前が加えられていなかったことである。釜山での抽選会。これは二〇〇二年のワールドカップの開催を高らかに告げるものであると同時に、南北コリア共催の可能性がほぼゼロになったことをも意味していた。

二〇〇二年に入り、北朝鮮は「アリラン祭典」の開催を世界に喧伝した。このアリラン祭典は故キム・イルソン主席生誕九〇周年などを記念して一〇万人が参加するマスゲームと芸術公演であるという。そして四月二九日夜、一時はワールドカップ開催が取り沙汰されたこともある（あくまでも韓国側の希望だったが）ピョンヤン・メーデースタジアムにおいてアリラン祭典は開幕した。軍隊による一糸乱れぬパレード。そして完璧なマスゲーム。北朝鮮の国力の粋を結集させたかのような一大祭典の模様は日本の報道番組でも紹介された。ちなみに祭典の期間はこの日から六月末まで（のちに延長）。世界各国から広く観光客を誘致するという。これはもう三八度線以南で行なわれるワールドカップに対抗するイベントと見られても、何の間違いもないだろう。

その裏で北朝鮮から脱出し、鴨緑江を越えて中国東北地方（旧満州）に潜入した人たちによる在外公館駆け込みが頻発し始めたのもこの頃であった。五月八日には幼い子供を含む北朝鮮の一家五人が瀋陽の日本領事館に駆け込み、中国の武装警官に連行される事件が起きた（五人は五月二三日に韓国に到着）。翌日には瀋陽の米国総領事館に一人が駆け込み、一一日には北京のカナダ大使館に二人が駆け込んだ。二三～二四日にかけては北京の韓国大使館に合計三人が駆け込んだ。二九日には中国から仁川港に到着したフェリーの乗客三人が北朝鮮脱出住民として韓国警察によって摘発されるという事件もあった。

なぜ北朝鮮の住民が祖国を捨て、川を越えていくのか。その原因としては飢餓と政治的抑圧がよく挙げられる。このようなことは、残念ながら昨夏の三泊四日のピョンヤン滞在では決してうかがい知ることのできなかった、この国のもうひとつの現実として受け止めねばならない。ワールドカップ期間にはこのような「脱北者」が韓国の仁川港に大量に送り込まれるのではないか、という噂も出ていた。

　このような騒然とした状況のなか、ワールドカップ・コリア／ジャパンは開幕を迎えようとしていた。そして開幕の日である五月三一日、僕は大阪南港から「パンスター・ドリーム」というフェリーに乗って韓国に向かった。そして船内のテレビで前回王者のフランスが、アフリカの新興勢力でワールドカップ初出場のセネガルに〇対一でまさかの黒星スタートとなったことを知った。優勝候補や常連国が相次いで早々と敗退するという、これまでにも前例のない波乱づくしの大会の開幕を告げるゲームであった。

　六月一日午前一〇時、パンスター・ドリームは晴天の釜山に入港した。ホテルにリュックを預けると、バスに乗って一時間ほど離れた蔚山（ウルサン）に向かう。蔚山の市外バスターミナル行きのバスは、市内に入る前に蔚山文殊（ムンス）フットボール競技場の前で停車した。試合が行なわれるというので、先に郊外に位置するスタジアムに寄るという配慮であった。スタジアムの前には水色と白のフェイスペインティングを施し、国旗を身にまとうウルグアイのサポーターたちがいる。少し離れたところには赤と白を基調としたユニフォームを着て歌いながら歩いてくるデンマークのサポーター。二日後に同スタジアムでトルコとの対戦があるブラジルのサポーターもカナリヤ色の服に身を包んで、賑やかにやってきた。

　僕ははやる気持ちを押さえてスタジアムに入る。自分の席は三階ブロックであったが、観客席の傾斜が急なのと、ピッチの周りにトラックがないサッカー専用スタジアムだということもあって、意外とピッチまでの距離感がなかった。ワールドカップにふさわしい、素晴らしいスタジアムだ。スタジアムも素晴らしかったが、まもなく始まったオープニングセレモニーにも心を打たれた。サッカーボールをあしらった風船が、いっせいに青空に舞い上がった瞬間、僕は不覚にも落涙しそうになった。本当にワールドカップが始まったんだ、という感激が涙腺をゆるませていたのだ。

そんな感激とともに、心のなかにはもうひとつの思いが同居していた。このような美しいイベントに、なぜ、同じ「コリア」である北は参加できなかったのであろうか。そして、三八度線以北に暮らす人たちはこの光景を見ているのであろうか。見ていたとしたら、いったいどんな気持ちなんだろうか。そのような思いが、どうしても胸を離れない。

ちなみにゲームも立派なスタジアムにふさわしい内容であった。デンマークが前半終了間際に先制すれば、後半開始まもなくウルグアイが同点に追いつく。一進一退が繰り返され、このまま同点で終わるのかと思ったその瞬間だった。残り一〇分を切った段階でウルグアイ陣内にサイドから攻め込んだデンマーク。途中出場のヨルゲンセンが実に絶妙なやわらかいパスをふわっと上げる。それを頭で合わせたのが、小野伸二が所属するオランダのフェイエノールトでチームメイトのトマソン。彼自身、この日二得点目が決勝点となった。たった一試合観ただけだったが、もう満足感にあふれて蔚山から釜山に帰った。

二日は釜山から光州まで高速バスで四時間かけて移動した。光州といえば一九八〇年に起きた

上：２日後に当地で自国代表の試合を控えたブラジルサポーターも、開幕を待ち切れずやってきた（2002年６月１日：ウルサンムンスフットボールスタジアム）
下：オープニングセレモニー。サッカーボールをあしらった風船が一斉に舞い上がった（ウルサンムンスフットボールスタジアム）

痛ましい事件のことが、どうしても頭から離れない。当時、僕は中学生だったが、隣の韓国の光州という街で、大勢の人々が軍隊によって殺されたということをテレビやラジオで知って少なからぬショックを受けたことはよく覚えている。八〇年五月一八日、民主化を求めた光州市民で結成されたデモ隊が戒厳軍とにらみあった。その三日後の午後、戒厳軍は市民に向けて無差別に発砲した。死者・行方不明者は二〇〇人以上といわれる。

いま、民主化が達成され、韓国も変わった。光州のある全羅南道の道庁前の広場は五・一八広場と名付けられていた。道庁前に行くには地下街を通らねばならない。テレビでは釜山で行なわれている南アフリカ共和国とパラグアイの一戦が放送されていた。ちょうどパラグアイが先制ゴールを決めた瞬間だった。白人が有色人種を差別するアパルトヘイト（人種隔離政策）を乗り越えてワールドカップに出てきた国の試合を、民主化運動の地の真下で観るというのも何かの縁だろう。道庁前広場には民主化運動記念碑があり、日本語の解説もついていた。その背後の道庁では二人の職員がサッカーのパス交換にうち興じていた。広場のロータリーの真ん中のオブジェもワールドカップ開催を記念するものになっている。血なまぐさい歴史を持つ街が、ワールドカップという世界のお祭りを開催するという喜びが感じられた。

臨津江を越えて

一九時すぎに光州ワールドカップ競技場に到着。自分のチケットに印刷されたシートナンバーを捜し当てると、隣の席には金井昌行氏がすでに座っていた。金井氏は鉄道ライターで、とりわけ韓国には毎年訪れて鉄道に乗ったりすることがライフワークとなっている人だ。韓国語もわりと堪能で、九六年にワールドカップの韓国開催が決まると、「韓国にワールドカップを観にいこう」とその頃から僕を誘っていた。金井氏は開幕戦の晩に飛行機でソウル入りし、この日は特急に乗って光州に入り、駅前から出ているシャトルバスに乗ってスタジアム入りしていた。一緒にスペイン対スロヴェニア戦（三対一でスペインの勝利）を観戦したあと、光州郊外にある松汀里（ソンジョンリ）駅から夜行列車に乗り込む。この鉄道チケットは金井氏が前もってソウルで僕の分も買っておいてくれたのだ。昼間に光州市内を歩き回った疲れが出、発車してまもなく深い眠りに誘われた。

目覚めたとき、すでに列車はソウル市内に入っていた。まもなく列車は漢江に架かる鉄橋を渡り始めた。漢江から昇る朝日が美しかった。この日から三日間、金井氏の知り合いである韓国人老夫婦の家庭にホームステイすることとなった。

ソウル到着の翌日は六月四日だった。この日は金井氏と一緒に韓国鉄道の旅をする。ただし、単なる鉄道旅行ではない。板門店にツアーで出かける人以外は決して越えることができなかった臨津江を、鉄道で渡るのだ。観光訪問歴がすでに十指に余る金井氏ですら、臨津江を鉄道で越えるのは今回が初めてだという。

この日は早起きをしてソウル駅に向かい、金井氏が都羅山（トラサン）行きの切符を二枚買ってくれた。ホームに行くとソウル発都羅山行きの列車が停車しているところであった。ガラガラの車両に乗り込み、座席に座る。しばらくして金井氏が「あっ」と思い出したかのように声を上げた。そして、「この列車じゃダメだ。隣の列車に乗らないと」と言って僕にこの列車から降りるよう促したのだ。そして都羅山行き列車とホームをはさんで停車していた「臨津江行き」列車に移動した。なぜ都羅山に行くのに、そのひとつ手前の臨津江駅までしか行かない列車に乗らねばならないのか。初めは意味がわからず、ただただ金井氏に言われるがままにしていた。この謎は終点・臨津江駅で解けることとなる。

ソウル駅を出た列車は名門女子大である梨花女子大と同じく名門大学の延世大学が隣り合う学生街・新村（シンチョン）に停まり、次の次の水色（スセク）に着く頃になると進行方向左手にソウル・ワールドカップ競技場が見えてくる。開幕戦でセネガルがフランスを破るという金星を挙げた場所である。昨日、散歩がてらにこのスタジアムに行き周囲をぐるっと一周してみた。ワールドカップ初出場を果たした中国から団体の観光客が見学のためバスで乗り付けてきていた。

水色を過ぎた辺りから車窓風景は農村の緑に覆われる。東京ではありえないことだが、この国の首都を五駅も離れれば、のどかな風景が広がる。新村からアジュモニ（お婆さん）たちの一団と同席となった。まるでどこかにピクニックに行く感じで、ポップコーンを取り出すと数人で分けて食べ始めた。しかもそれをニコニコしながら僕らにも分けてくれた。

「お婆さんたちはどこまで行くんですか」

金井氏が韓国語で話しかけると、なんと臨津江まで遊びにいくのだという。列車は北へと進んでいく。途中の駅には「韓国ファイト！　めざせ一六強」と書かれた横断幕をかかげたところもある。

ソウルを出てから一時間以上もたったころ、汶山（ムンサン）という駅に到着した。ソウルから僕たちが乗ってきたのが、実は京義線である。昨年九月四日、ちょうどこの日から九ヵ月前に南北コリアクルーズのツアーで臨津江を訪れたとき、京義線はこの汶山駅までしか営業していなかった。九ヵ月前の時点では、この汶山が韓国内における京義線最北の駅であった。しかしこの日は、汶山からさらに北へ列車は行くために動きだした。そして臨津江駅に到着した。

僕が九ヵ月前に臨津閣や自由の橋を見学したとき、この駅はまだ開業していなかった。このおよそ二ヵ月後に金井氏が京義線に乗ったとき、彼は臨津江駅まで行っている。僕の訪問から約四週間後の九月三〇日、臨津江駅が開業したからである。そして今年の四月一一日には臨津江を越えたところにある都羅山駅が開業し、列車の定期運行が始まっていた。これは二〇〇〇年にピョンヤンで行なわれた南北首脳会談で合意された南北朝鮮間連結事業の成果であり、半世紀近く最北の駅であった汶山から、わずか半年余りの間に二つの駅が北に延びたのである。

だが、ソウルから都羅山までは、東京から横浜まで行くようには行けない。臨津江駅で都羅山行きの手続きを経なければならないのだ。下車した客の全員が、駅舎の外にあるカウンターの前に行列を作った。ポップコーンをくれたアジュモニたちもその中にいた。僕らも並んだ。韓国の人たちは身分証明証を、僕らのような外国人はパスポートを提示して都羅山行き旅客名簿に氏名と国籍が書き込まれる。そして「DMZ観光切符」を七七〇〇ウォンで購入させられる。

この手続きが終わると、再び臨津江駅のプラットホームに戻り、都羅山に向かう列車を待つことになる。日本に比べて韓国のプラットホームはずいぶんと低く、しゃがめばレールや枕木に触れることもできるほどだ。何気なく枕木を見つめていて、気が付いた。そこには黒のサインペンで書かれたハングル文字があった。どの枕木にも。金井氏によると、南北統一が早く実現しますように、ということがこの駅を訪れた人々によって多かれ少なかれ書き込まれているという。やがて都羅山行き列車が到着した。この列車が、まさに僕たちがソウル駅で最初に間違えて飛び乗った都羅山行き列車であった。ソウルやそのあとの駅から乗ってきた乗客はすべてこの駅で降ろされ、その代わりに臨津江駅で待っていた僕らが乗り込む。

僕らは進行方向右側の座席に腰を下ろした。列車はまもなく臨津閣を過ぎ、鉄橋を渡り始めた。臨津江だ!

イムジン河　空遠く　虹よかかっておくれ
河よ　想いを伝えておくれ

「イムジン河」の歌詞では、この河が南北を引き裂いた象徴として登場する。しかし、いま、列車はこのように臨津江を渡っている。自由の橋が右手に見えたと思ったら、あっという間に後方に去ってしまう。こうしてまるで多摩川や淀川を渡るように、列車は臨津江をあっけなく渡ってしまった。あっけない。そう、思ったが、このようなことがこれまで半世紀近くできなかったのだ。

都羅山駅

都羅山駅。四月一一日オープンということもあって、ピカピカしていた。駅舎も、蔚山や光州、

南侵第２トンネル観光に使われるトロッコ列車。名前は「統一号」

そしてソウルで見たスタジアムのように真新しく、立派なものである。改札にいたる地下道には中国と北朝鮮の国境にある白頭山（ペクトサン）、そして反対側には韓国南部に浮かぶ済州島の漢拏山（ハンラサン）がトルハルバンというこの島特有の石人像とともに描かれている。北は白頭から南は漢拏まで。南北の統一を願うとき、朝鮮半島の人はよくこのように言うのだそうだ。都羅山駅にある二つの絵も、もちろんそれを祈願して描かれたはずである。

　都羅山駅は臨津江を越えたところにある。それはつまり民間人統制区域内に位置することを意味し、ホームの先からおよそ三〇〇メートル先にはＤＭＺの鉄条網が見える。駅前には大型観光バスが数台待機していて、改札をくぐった人から順に一号車、それが満席になると二号車という段取りで乗り込まされた。全員を乗せると二台のバスはフェンスで仕切られたＤＭ

Z内に入っていく。

最初の目的地は「南侵第三トンネル」だった。昨夏のコリアクルーズで訪問した第二トンネルとその意味合いは同じであるから、ここでの説明は省略する。ただし決定的な違いがある。緊迫感がまるでない。写真の撮影も自由だし、観光客の数の多さがここを東京ディズニーランドのような遊園地的な雰囲気に変えてしまっていた。第二トンネルは徒歩で地下まで昇降したが、ここではアプト式トロッコ列車が観光客を運んでいってくれる。まるで遊園地の「おサルの列車」のように。僕らのグループの前に数人のスロヴェニア人サポーターの一団がトロッコで降りていくところだった。彼らは一〇年前に旧ユーゴスラヴィアから独立したばかりの故国に、ポストイナ鍾乳洞という世界的にも名高い観光地を持っているが、まるで東洋のポストイナ探検にでも来たかのようにはしゃいでいた。僕らの番がきた。やはりヘルメットをかぶってトロッコに乗り込む。底に行くにしたがって寒くなる。トロッコが到着した地点からは、徒歩で突き当たりまで歩く。そして引き返して、今度は上昇するトロッコに乗って地上に出る。なるほど、たしかに鍾乳洞観光のような気分であり、北の脅威とかを感じさせる空気も「間」もほとんどなかった。

次にして最後の訪問地が都羅展望台。迷彩色が施された展望台からは北朝鮮の開城市が展望できるという触れ込みだったが、かすみがかかっていて双眼鏡をもってしてもまったく見えなかった。そして出発の時間がやってきた。観光バスのツアー責任者がマイクを持って「皆さん、楽しんでいただけましたか?」と聞くと、参加者からはいっせいに「ネ〜(は〜い)!」という元気のいい返事が帰ってくる。まるで遠足旅行のようだ。バスが走る道路脇には例の「地雷」マークがあり、それだけがここが他の観光地とは違っていることを示していた。

再び都羅山駅に戻ってくる。駅のコンコースにはワールドカップで韓国を訪れる外国人観光客のために作られた「韓国鉄道旅行」のポスターが貼られていた。駅には韓国の若者たちおよそ三〇名ほどのグループが見学にきていた。駅標や列車をバックに記念撮影をしている。一三時二五分発ソウル行きの列車に乗り込んでいた金井氏が彼らに向けて望遠レンズを付けたカメラを向けた。それに気が付いた女生徒二人がこちらに向かってピースサインを送る。撮影が済んだことを両手で大きなマルをつくって示すと、彼女たちは笑顔で手を振り返していた。

列車は動きだした。再び臨津江を越えた。車窓に見える道路交通案内の看板には「パンムンジョム（板門店）」と書かれているが、そこに大きなバツ印が上書きされていた。臨津江駅で途中下車をした。昼食を臨津閣のすぐ横に展示されている蒸気機関車が連結する客車のひとつが「鉄馬は走りたい」というレストランになっている。ここでトンカス（トンカツ）定食を食べた。金井氏はここにくると毎回このレストランで食べていることからウエイトレスとも顔見知りで、僕らにアイスコーヒーのサービスがついてきた。

昼食後、臨津閣の周辺を九ヵ月ぶりに散策した。自由の橋や臨津閣にある土産物店ではJSA（共同警備区域）グッズが所狭しと並べられていた。Tシャツには南北兵士がひとりづつプリントされ、貯金箱にはやはり南北兵士の人形が一体ずつ取り付けられている。去年の訪問時にはほとんどお目にかかれなかったものである。

僕が初めて韓国を訪れたのは八八年ソウルオリンピック開幕の半年前のことだった。あの頃は北の脅威や妨害工作に対する防衛などで全土がピリピリした雰囲気に包まれていた印象が強かった。やはりフェリーで大阪から釜山に入ったのだが、荷物検査はとても厳しかった。それにくらべて今回のワールドカップはどうだろう。荷物検査もほとんどあって無きがごとし、であった。南北を分断するＤＭＺの観光もまるでピクニックのような気軽さで楽しめてしまう。ＪＳＡグッズなるものまで登場していたが、一四年前の雰囲気からはとても考えられないものである。それだけ韓国の北に対する気持ちの余裕が芽生えてきたのだろうか。たしかに九〇年代で南北には経済面で決定的に大きな落差が生じた。それだからこそ北では「南は貧しい。米国の搾取を受けて人民は奴隷状態である」という宣伝を強めねばならない。それでも北で食えなくなった人々は、危険を犯してでも伝え聞いた豊かな韓国に行こうとする。たった一本のラインが、同じ民族を南北でこれほどまでに変えてしまう。そのラインに挑戦するかのように京義線は徐々に延びてきた。臨津閣の展望台から臨津江を眺めた。ちょうど鉄橋を列車が北に向けて通過していくところだった。少なくともちょうど九ヵ月前には見られなかった光景だ。人間は進歩する生物だ。そんな言葉を信じたい。そう自らに言い聞かせて、駅に向かった。

　ソウル駅に到着したのは一六時二五分だった。「Be The Reds!」とプリントされた赤いＴシャツを着た人の姿が異様に目につく。そう。この日は二〇時三〇分から韓国とポーランドの試合が釜山で行なわれる予定だった。おそらくソウル市内の各所にも大型ビジョンが設置されて、人々がそれを見ながら声援を送るのに違いない。僕らは足早にホームステイ先の家がある開峰（ケボン）に帰るため、地下鉄駅に急いだ。一八時からは日本対ベルギーの試合が行なわれるから。

左上：自由の橋にあった土産物屋で売られていたＴシャツにはＪＳＡとプリントされ南北兵士が並んで描かれている
左中：南北を分断したＤＭＺの鉄条網の切片（実物）が１万2000～１万5000ウォンで売られていた（オドゥ山展望台）
左下：臨津江と都羅山行きの列車が越えていく。手前は自由の橋
右：臨津江駅。北側の次の駅は都羅山ではなくピョンヤンとなっていた

四八年目の歓喜

「アイゴ〜、つまんないよ」

韓国語と日本語のチャンポンで、ホームステイ先のアボジ（お父さん）は言った。日本対ベルギーの前半戦はさしたるみどころもなく淡々と四五分が過ぎたような印象を持ったのだろう。そしてそのままパソコンのある部屋にこもって囲碁を始めた。

ところが後半に入って一転、試合が激しく動いた。ベルギーが先制すれば、日本が鈴木隆行と稲本潤一のゴールで逆転。しかしベルギーも同点に追いつく。つまんないよ、といったんテレビの前から姿を消したアボジも最後になると戻ってきた。結局二対二のドロー。初出場のフランス大会で三戦全敗だった日本は、ワールドカップ出場二回目にして初の一ポイントを獲得した。

「うん、これで日本も一六強の望みが残ったねえ」

アボジは僕らに言い聞かせるように日本語で言った。次はいよいよ韓国とポーランドの試合だ。日本がシードされたグループHはベルギー、ロシア、チュニジアが同居した。それほど日本と力の差が開いていない国との対戦が続くために日本のベスト16進出の可能性はかなり高いとされていた。一方、韓国がシードされたグループDにはポーランド、アメリカ、そして優勝候補の呼び声高いポルトガルが入ってきた。「このグループを抜ける二チームはポルトガルとポーランドで決まり」という前評判が圧倒的で、韓国にとってのグループDは「グループ・オブ・デス（GROUP OF DEATH——グループD）」という見方が強かった。韓国代表のヒディンク監督も「このグループはポルトガルが一番手で次がポーランド。世界は皆、そう思っている」と認めている。

しかしこんな見方もあった。ポルトガルは優勝候補に挙げられているが、ワールドカップは一六年ぶりで現在の主力は経験がない。ポーランドも古豪だがやはり一六年ぶりの出場で、しかも今年に入ってからチームのコンディションがあまりよくない（三月にはホームで日本に〇対二と完敗している）。一方、韓国はすべて地元で戦える。しかもチームのコンディションはポーランドとは対照的に上がってきている。直前のフランスとの親善試合も敗れはしたが二対三と善戦した。韓国だって可能性はあるはず、と。

二〇時三〇分のキックオフには、アボジもオモニ（お母さん）もテレビの前にあるソファーに陣取っていた。「う〜ん、胸がドキドキするねえ」とアボジは言った。韓国が調子が良いといっても、欧州の強豪との一戦にはまだ不安があったのだ。ところがこの日の韓国の動きは素晴らしかった。欧州予選で二大会連続ワールドカップ出場のノルウェーや、躍進著しいウクライナといった強豪と同居しながら一試合残した時点でワールドカップ出場を決めたポーランドにほとんどサッカーをさせない。そして前半二六分、左サイドからの低いクロスボールをファン・ソノンが左足でボレーシュート。これが見事にネットに突きささり、韓国が先制。ホームステイ先のアボジもオモニも大騒ぎ。このマンションの真上の住人もテレビ観戦しているのか、ドンドンドンドンと床を踏みならす音が響いてきた。このまま韓国リードのまま前半戦が終わった。

後半も韓国優位の試合内容は変わらない。そして後半八分、ユ・サンチョルのミドルシュートが名GKとして世界的にも評価の高いドゥデクの手を弾き、そのままゴールに吸い込まれた。二対〇。普段は無愛想に見えるアボジやオモニの喜びの弾け方は、普段が普段だけに信じられないほどだ。そして試合終了のホイッスル。画面には「韓国、四八年目の初勝利！」というテロップが出ていた。

「やった、やった、やりましたよ」

そう言いながらアボジもオモニもブラウン管に向かって拍手を送った。上の階の住人も興奮がなかなか冷めないのか、いつまでもドンドンドンドンと床を踏み鳴らして歓喜の表現を続ける。僕らは「おめでとうございます」と老夫婦に言った。この日ゴールを決めたのがファン・ソノン、ユ・サンチョルというJリーガー（両者とも柏レイソルに在籍）だったことも、僕ら日本人にとっても韓国のことがまるで他人の国ではないような気持ちにさせた。そしてこの韓国の白星がワールドカップ史上では六六年のあの北朝鮮以来の東アジア勢の勝利だったことも僕にとってはうれしかったのだ。この日の試合のため、在日のコリアンは民団・総連の合同で応援団を結成し、釜山に渡ったという。それでは今日訪れたDMZより北側に暮らす人々はどんな思いでこの試合を見たのだろうか。それともこの試合のことを知っているのだろうか。テレビはいつまでも歓喜に沸くスタジアムを映し出している。それを見ながら僕は三八度線以北に思いをめぐらせてしまうのだ。

この晩、眠りに就こうとしたが、そのたびに窓の外から響いてくるあのコールによって目が冴えてしまう。

「コリア！」

コリアとは何なのか。昨年の南北コリアクルーズからの出来事が、今日の臨津江越えも含めて、いつまでも脳内を駆け巡るのだった。

運命の悪戯

ポルトガルのことを考えている。

コリアとポルトガル。この巨大なユーラシア大陸の両端に位置する両者は、ことサッカーの世界では奇妙な縁で結びついている。一九六六年イングランド大会。ベスト8に進出した北朝鮮の快進撃を止めたのがポルトガルだった。サッカー史上初めて南北統一コリアチームが結成された九一年のワールドユース大会。コリアはベスト8まで勝ち進むのだが、開催地はポルトガルであった。優勝したのはポルトガル。ルイ・コスタやルイス・フィーゴ、フェルナンド・コウトといった後のポルトガル黄金世代を形成するメンバーがそろっていた。そして二〇〇二年コリア／ジャパン。ポルトガルは韓国会場でグループリーグを戦うことになり、しかもグループDで韓国と同居することとなった。サッカーの女神というものが、もし存在するのなら、彼女が悪戯で何か仕組んでいるに違いない。

六月五日、そのポルトガルのファーストゲームを見にいく。会場はソウルから電車で一時間のところにある水原（スウォン）。明日の飛行機で東京に戻る金井氏と見る最後のゲームだ。相手はアメリカ。四大会連続出場の実力国だが、九四年の自国開催におけるベスト16進出以外は目立った成績を残していない。八九、九一年のワールドユースで世界を制した世代が中心となったポルトガルなら問題なく片付けるだろう相手だったはず。

ところがフタを開けてみればとんでもない展開となった。前半四、三〇、三六分と立て続けにアメリカがゴールを奪い三対〇と優勝候補のポルトガルをリードしたのだ。僕の隣の席にはポルト市からやってきたというポルトガル人の青年がいた。試合前にしばらく彼と話をした。そのときは余裕しゃくしゃくの表情だった彼も、この三失点ですっかり青ざめていた。この青年のようにポルトガルの選手たちの動きもチグハグだ。個人技が自慢のポルトガルが、かえって個人技に溺れてボールを奪われているようだった。対するアメリカは素早い組織プレーでポルトガルよりもいい動きを見せていた。

三九分、コーナーキックをベトが頭で合わせてポルトガルが一点を返す。これで目覚めたか、後半に入ってもポルトガルが猛攻を仕掛け、何度もアメリカゴールを割ろうとするが守備的になったアメリカが必死に守る。後半二六分、ポルトガルが入れたクロスボールをアメリカのＤＦがクリアミス。何と自陣のゴールに入れてしまうオウン・ゴール。これで二対三。試合はまったく分からなくなった。ポルトからやってきた青年は同点を願い叫び始めた。同点になってもおかしくない雰囲気がスタジアムを包み始めていた。三対三になったら僕は青年に、こう、言ってあげようと思っていた。

「君は一九六六年のことを知っているかい。北朝鮮と戦ったときも〇対三から逆転してポルトガルはベスト4に行ったんだよ」

だが、歴史は繰り返さなかった。度重なるポルトガルの攻撃も実らず、アメリカが逃げ切ってしまった。優勝候補の緒戦黒星という番狂わせに場内は騒然としていた。そしてポルトの青年は頭を抱えたまま座り込んでしまった。あまりの彼の落胆ぶりは「まだ二試合残っているよ」などと気やすく声をかけることができる雰囲気ではなかった。青年をそのままにして僕は金井氏とともにスタジアムを去った。

翌日、金井氏は午前中の便で東京に戻り、僕は超特急セマウル号で釜山に移動した。そしてこの日に行なわれたウルグアイ対フランス戦を観戦し（〇対〇の引き分け）、七日に東京に帰った。一三日に横浜で行なわれるクロアチア対エクアドル戦のチケットを持っていたためと、いろいろ片付けねばならない雑事があったのでそれを済まさねばならなかったからだ。

六月九日、横浜で行なわれた日本対ロシア戦は自宅のテレビで観戦した。友人が三人やってきていた。一対〇で日本がワールドカップ初白星を挙げて、そのまま宴会となった。興奮さめやらぬ翌一〇日、韓国はアメリカと戦い一対一で引き分けた。開始当初から常にアメリカを圧倒していたのにわずかなスキをつかれて先制を許した。前半三九分にはPKを得たにもかかわらずこれを失敗。後半に入っても攻撃の手を緩めなかったが幾度もあったチャンスをことごとく逃し続けた。後半三三分、ようやくFKからアン・ジョンファンがヘディングで同点ゴールを決めたが、どちらかというと勝てる試合を引き分けにしてしまったという印象が強く残った。そして同日に行なわれたポルトガル対ポーランド戦は、パウレタのハットトリックなどでポルトガルが四対〇で圧勝。ポルトガルに優勝候補の力が戻りつつあることを感じさせる内容だった。

六月一四日。一五時三〇分開始のゲームで日本はチュニジアに二対〇で快勝。首位でグループHを突破した。テレビを見にきていた友人たちと日本のベスト16進出を祝うと同時に韓国のグループリーグ突破祈願のつもりで近所の焼き肉屋で夕食を取り、二〇時三〇分には再び自宅のテレビの前に座る。

　韓国の相手はポルトガル。グループリーグ突破のためには韓国は引き分けで十分だったが、対するポルトガルは勝利あるのみという状況だった。決勝トーナメント進出を賭けてポルトガルは全力を傾けてくる。韓国にとっては厳しい試合になることが予想された。またしてもポルトガルがコリアの前に立ちはだかるのだろうか。

　ポルトガル優位、韓国不利。そんな予想のなかで始まった試合は思いがけない方向へと進んでいく。その原因を作ったのは韓国イレブンのアッパクスピだった。漢字で書けば「圧迫守備」。英語ではプレッシングとなる。ボールを持つ選手を数人で囲い込んでボールを奪う。欧州の強豪クラブチームならお手のものの戦術だが、九〇分間走り回れるタフさがなければできる芸当ではない。しかし韓国はこれができていた。個人技を多用するポルトガルはアッパクスピの網にかかってポーランド戦のような華麗な攻撃をさせてもらえない。スーパースターといわれるルイス・フィーゴですら徹底マークにあい、まったく彼のよさが発揮できない。その苛立ちが、悪い方向に出たのが前半二七分。ジョアン・ピントがパク・チソンに対してカニバサミまがいの危険なタックルを仕掛けたのだ。これでジョアン・ピントはレッドカードを受け退場。ポルトガルは一人足りない状況に陥った。しかし韓国も攻撃に決め手を欠き、前半は〇対〇で終わる。

　同時進行のアメリカ対ポーランド戦でアメリカが二点のビハインドという状況であることを知ったポルトガルは、一人不足ということを考慮してか攻撃に消極的になっていた。このまま引き分けならばポルトガルも決勝トーナメントに進めるのである。しかし、引き分けでもよかった韓国は、攻め手を緩めることはなかった。引き分けを意識すると最終ラインが下がり、自慢のアックスビが機能しなくなることを恐れたのだろう。これがポルトガルの焦りを呼んだ。後半二一分、緒戦でゴールを決めたベトが相手に対するラフプレーでこの日二枚目のイエローカードを受けて退場。ついにポルトガルは二人足りない九人になってしまったのだ。その四分後、相手ゴールに攻め込んだパク・チソンが絶妙のトラップでディフェンスをかわし、GKビトール・バイアの足元に一閃強烈なシュートを放つ。次の瞬間、ビトール・バイアは天を仰いだ。京都パープルサンガでプレイするパク・チソンの値千金のゴールが決まったのだ。

ポルトガルは九人ながらも一点を取りにきた。後半四四分にはセルジオ・コンセイソンがボレーシュート。しかし不運にも左ポストに当たって跳ね返された。泣きそうな表情になるセルジオ・コンセイソン。しかしビデオを見てみると、彼のシュートが韓国DFの頭にかすったため方向が変わってしまっていた。ポルトガルの必死の攻撃と、韓国のそれを上回る決死の守り。そしてタイムアップ。韓国が初めて決勝トーナメントに進出を果たした。歴史は繰り返されなかった。今年のポルトガルは六六年大会で三位に輝いたチームよりも上と言われた。ただ、二〇〇二年のポルトガルには彼がいなかった。その彼はこの会場にも来ていたらしい。ピョンヤンでサッカー談義をしたリ先生が今だに覚えていた「黒豹」エウゼビオ。エウゼビオがいなかったポルトガルは、ついに歴史を繰り返すことができなかった。

翌日、僕は東京を離れた。なぜなら手元には二枚のチケットがあったからだ。一枚は一八日大田（テジョン）二〇時三〇分キックオフのベスト16のゲーム。もう一枚が二一日蔚山二〇時三〇分キックオフの準々決勝のゲーム。僕は五月下旬になって韓国会場のチケット六枚をインターネットで入手した。最初の韓国行で観戦した四試合はすべてグループリーグのゲームで対戦カードもあらかじめ決まっていた。しかし決勝トーナメントの二試合はチケットを入手した時点では、一八日が「グループD一位対グループE二位」ということしかはっきりしていなかった。僕はグループDの一位がポルトガル、グループEの二位がクロアチアかエクアドル、と予想してチケットを買った。ちなみに二一日のカードはドイツ対イタリアと想定していた。おそらく世界中のサッカーフリークのかなりの多数がこの予想をしたのではないだろうか。

ところがセネガルがフランスを開幕で撃破したことで始まった波乱の大会はさらなる波乱の連鎖反応を引き起こしていた。二強と言われたフランスとアルゼンチンがそろってグループリーグで敗退した。二強の有力な対抗馬と目されていたポルトガルも韓国の前に沈んだ。グループリーグは楽勝と思われていたイタリアもクロアチアに敗れ、メキシコにはデルピエロの起死回生ゴールでやっと引き分け。僕が横浜で観ていたゲームでクロアチアがエクアドルに星を落とさなければ、イタリアもフランス・アルゼンチン・ポルトガルと同じ運命を歩んでいたはずである。そして一四日のナイトゲームの結果、僕の持っている大田でのカードは韓国対イタリア戦となった。

何という運命の悪戯だろう。二〇〇二年大会が始まるまで東アジア勢唯一のワールドカップ白星は、六六年に北朝鮮がイタリアから獲得したものなのである。そしてイタリアに勝ったことで北朝鮮はベスト8に進むことができた。あれから三六年。今度は南の「コリア」がベスト8進出を賭けて再びイタリアとあいまみえようとは。しかもその試合のチケットを、僕は偶然にもすでに入手していたのである。そんな運命の数奇さを感じながら、僕は北九州行きのフェリーに乗り込んだ。

AGAIN 1966

大田。テジョンと韓国語で読む。人口一五〇万を擁する大都会で、いまや韓国の「第二の首都」と呼ばれるほどの発展ぶりを示しているという。そのきっかけとなったのが七三年に造られた広大な科学研究団地であり、その二〇年後に開かれた世界博覧会（エキスポ）だった。いまや大田といえば地名の由来となった「大きな田んぼ」という田舎のイメージはなく、ハイテク最先端都市である。

しかしながら韓国訪問がこれで七度目になる僕は、この街を通り過ぎることはあれ、立ち止まったことはなかった。大田はソウルから釜山に向かう特急列車の、そして光州など全羅道からソウルに向かう鉄道の分岐点という認識しか持ち合わせていなかったからだ。ワールドカップが韓国で開催されなければ、おそらく訪れることはなかったであろう街。とはいえ、今回も大田の中心街に用はなかった。僕はタクシーで郊外に向かった。

万年橋という橋を渡ったところでタクシーを降りる。そこには温泉マークのついたホテルや旅館、モーテルがところせましと林立していた。儒城温泉（ユソンオンチョン）。韓国でも有数の温泉街だ。普段は湯治や休息を求める人々で賑わう。ただ、僕が到着した時ばかりは一種独特の雰囲気が漂っていた。僕がチェックインした旅館の近くにスパピアという大型ホテルがある。その建物の前には物凄い人だかりができていた。とりわけ制服姿の女子高生が目につく。きけばスパピアには韓国代表選手が宿泊しており、これから夕食をとりに出かけるので、選手をひとめ見ようと待ち構えているファンがぞくぞく集まってきたのだという。ホテルの出入口は大勢の警官によって固められている。その囲いのなかを選手たちが進み、止めてあった選手専用バスに乗り込む。その瞬間、キャ〜！　という黄色い喚声が人混みから起こる。ある女の子は携帯電話で「いま、アン・ジョンファン見たわよ」と友人に自慢げに報告しながら、もっと選手たちを近くで見ようと出入口に向かって駆けていった。さらに大きな喚声が沸き起こった。警官たちのブロックの向こう側に見えたのはヒディンク監督であった。

ヒディンク監督は韓国サッカー史上初の外国人監督として一年半前に就任した。これまで韓国の代表監督は韓国人がつとめることが当然で、よそ者ははじき出されてきた排他的な世界だった。しかしワールドカップの自国開催で韓国には「一六強進出が最低ノルマ」という十字架を負わされた。フランス大会で完敗し、二〇〇〇年のシドニーオリンピックやアジアカップ（レバノン）でも日本の後塵を拝した状態からチームを立て直すために、ついに韓国サッカー界も決断を下さざるを得なくなった。しかしフランス大会でオランダをベスト4まで導いた（グループリーグでは韓国と同居し、これを五対〇と完膚無きまでにたたきのめして韓国人を絶望の淵に追いやった）名将も、最初は厳しい批判にさらされた。二〇〇一年六月に行なわれたコンフェデレーションズ・カップではフランスに〇対五で完敗し、その後チェコとの親善試合でも〇対五。ヒディンク氏は「ミスター・オデヨン（五対〇）」という有り難くないあだ名まで付けられていた。しかしワールドカップ本番ではポーランド、そして優勝候補のポルトガルを破って見事にグループDを首位で通過。国民の目標であった「一六強」をクリアしてみせたのである。ヒディンク人気は沸騰した。韓国はこの秋に大統領選挙を控えていたが、「ヒディンクを大統領に」という声が冗談ではなく本気で出始めていた。いまや選手たちをしのぐ人気だ。

のどかな温泉街は決戦を控えた異様なムードが漂う。通りには韓国の国旗・太極旗とイタリアの三色旗が掲げられていた。テレビやラジオでは、どちらが何対何で勝つのか、ゴールを決めるのは誰か、といった特集番組が組まれていた。もちろん韓国民の誰もが「イタリアに勝つ」と答えていた。目標のベスト16に進んだが、これで満足、という空気は微塵もない。いつしか街に掲げられたサッカー応援用の幕も「めざせ一六強」ではなく「八強」と書き換えられていた。街には韓国応援ソングがひっきりなしに流れ、「Be The Reds!」の赤色Tシャツを着た人々であふれていた。街頭ではこのTシャツが一万ウォン（一〇〇〇円）で販売されていたが、飛ぶように売れていた。市内を流れる川の河川敷には大型ビジョンがいくつも設置され、チケットをもたない人々の応援に備えていた。もはや「社会現象」という陳腐な表現では言い表わせない、もっと強い人々の期待と熱気が温泉街に充満していた。おそらくこれは韓国全土でも同じようなことになっているに違いない。

この日、一五時三〇分からは日本とトルコの試合が行なわれていた。僕はこのゲームを大田市内のバスターミナルの待合室で見た。キックオフからやや遅れて中継を見始めたのだが、すでにトルコが一点を先制していた。結局、この一点が日本の夢を打ち砕いた。試合終了を告げるホイッスルが、スキンヘッドとギョロリとした眼で有名な主審のイタリア人ピエール・ルイジ・コッリーナ氏によって吹かれた瞬間、待合室ではさまざまな反応が見られた。大きく手を叩いて喜ぶ初老の男性。彼は恐らく少年の頃にイー・スンマン大統領時代の反日教育を施された世代であろう。時代は変わっても、心のなかには「イルボン（日本）憎し」という感情が濃厚に残っているに違いない。眼鏡をかけた女子高生の二人組も小躍りして喜んでいた。彼女たちの気持ちは恐らく、こうだ。とにかく日本にサッカーだけは負けたくない。もし、トルコに勝ってベスト8に行かれたら、韓国のプレッシャーがきつくなるじゃないの。でも日本が負けたので、今夜の試合は少し選手も私たちも気楽に臨めるわ。

もちろん、日本の敗北を喜ぶ人ばかりではなかった。休憩していたバスの運転手たちは小声だが、はっきりと口にしていた。

「アイゴー、イルボン」

僕は手を大きく叩いて喜んだ男性や小躍りしていた女子高生たちに一瞬、「何だよ、おもしろくないな」という感情を持った。しかし、すぐにそれを打ち消した。今夜は韓国を応援するためにここまでやってきたのだから。そしてスタジアムでは、なおいっそう韓国の人々に対するわだかまりや複雑な感情が打ち消されるような現象が待っていた。

温泉街から三〇分も歩けば大田ワールドカップスタジアムである。赤い服を着た人々の波がうねりのようにスタジアムに続く道を埋め、競技場のなかに吸い込まれていく。この日は僕も赤いポロシャツを着ていた。普段ならすぐ日本人と認識されるのだが、この日は違った。バスターミナルで日本戦を見ていたとき、スーツ姿のサラリーマンから「どっちが何対何で勝ってますか？」と韓国語で聞かれた。スタジアムの前でキムパプ（韓国のり巻き）弁当を食べていたら、家族連れの父親から「そのキムパプはどこで売っていますか？」と尋ねられたり。間違いなく着ていた赤い服の効果であった。

　スタジアムはその赤でほとんど埋め尽くされていた。ほとんど、というのはそうでない色の服を身につけていた人々も少数ながら存在していたから。対戦国のイタリアサポーターは代表のシンボルカラーである地中海ブルー（アッズーリ）のレプリカユニフォームを着て「フォルツァ、イタリア！（頑張れ、イタリア）」と連呼していた。僕の席の斜め後ろにはメキシコ人男女五人組が陣取っていたが、彼らはメキシコのグリーンカラーを身にまとっていた。

　このスタジアムにいた外国人でもっとも数が多かったのは、自分を含めて日本人であった。日本人ファンの服装の色は、実にさまざまであった。僕のように韓国を応援するため赤色の服の者。「Be The Reds!」のTシャツを買って着ている人もかなりいた。あとは日本代表のブルーのユニフォームを着ている者。このユニフォームを着たまま街頭のテレビで日本を応援していたのであろう。そして、赤服やジャパンブルーにもまして目についたのがアッズーリのユニフォームを身につけた日本人であった。またアッズーリでなくてもユヴェントスやローマなどイタリア・セリエAの強豪チームのユニフォームを着てやってきた者も多い。

　彼らは「韓国が嫌い」だからアッズーリを着ていたのではあるまい。というのも、今の日本のサッカーファンに韓国を憎悪するだけの強烈なモチベーションは何もなかったからだ。中田英寿のペルージャ、ローマ、パルマでの活躍は日本人のセリエA認知度をかなり高めるのに貢献していた。日常的にイタリアのカルチョ（サッカー）に触れることで、イタリアのファンになった人は多い。九四年と九八年のワールドカップでロベルト・バッジョが見せた素晴らしいパフォーマンスに心打たれてアッズーリのとりこになった日本人も少なからずいるはずだ。少なくとも僕がそうであるからだ。また、トッティ、デルピエロ、インザーギなどアッズーリに「イイ男」が多いという紹介の仕方を日本のメディアが大々的に行なったことで、イタリアファンになった人もいるだろう。そしてそれは決して悪いことではない。そういうイタリア好きの日本人がアッズーリを追いかけていたら、たまたまその相手が韓国になった、ということに過ぎないであろう。

ただ、スタジアムを埋め尽くした韓国人の感情はどうなのだろう。

「何だ、イルボンサラム（日本人）はアジア人のくせして、しかも共同開催国のくせして韓国を応援せずにイタリアの肩を持つのかよ」

そんな不快感が起きても不思議ではない。しかし、韓国のファンがイタリアファンの日本人に「なぜお前はイタリアを応援するのか」と詰め寄ったり、なじったりする光景はスタジアムでも市内でも一度たりとも見かけなかった。少なくとも僕の周辺では。今回の大会を通して韓国のサポーターが素晴らしいと思ったのは、これほどの大人数でスタジアムを埋め、熱い応援を繰り広げているにもかかわらず、それが暴力に直結することは決してなかったことだ。僕の席のまわりはほとんど「Be The Reds!」の韓国サポーターで占められた。三列前に日本人の若い男女三人がいて、アッズーリやユヴェントスのユニフォームを着ていたが、これが数少ない例外だった。反対側のゴール裏は韓国でももっとも熱いサポーター「レッドデビル」によって占められていた。そして彼らのかけ声から、スタジアムは韓国への声援一色に染められる。

「テ〜・ハン・ミン・グッ（大韓民国）！」

チャンゴの発するカ・カッ・カッ・カッ・カ〜ンという音にあわせて一糸乱れぬ拍手が奏でられる。その規律正しさは、世界でも規律を重んじる国といわれる日本からやってきた僕も、ただただ驚くほかはない。しかしその直後、レッドデビルがとった行動に、僕はさらに驚愕させられることとなる。

「テ〜・ハン・ミン・グッ」

このコールのあとに、レッドデビルの赤一色の席から白い文字が浮かび上がったのだ。

AGAIN 1966
一九六六年よ、再び。ほかでもない。イングランド大会で北朝鮮が一対〇でイタリアを破りベスト8に進出した再現を、という願いである。「AGAIN 1966」の人文字はテ・ハン・ミン・グッコールのたびに赤い海に浮かんでは消えた。そして直後に再びレッドデビルから歌声が。韓国サポータがそれに続けて唱和する。

「オ〜、ピルスン（必勝）・コリア！　オ〜、ピルスン・コリア!!　オ〜、ピルスン・コリア！！！　オ・オ・レ・オ・ラ、ハッ・ハッ・ハッ」

そう、一九六六年にイタリアを撃破したのも「コリア」だった。イングランドの観客は北朝鮮

「AGAIN 1966」の人文字（大田ワールドカップスタジアム）

の快進撃を「コーリア、コーリア！」とコールして熱狂したではないか。

僕は背筋がゾクゾクするのを感じた。コリア／ジャパンの「コリア」とは韓国だけを指すのか。そんな疑問を抱きピョンヤンにも行った。そしてこの大田で答えが出た、と確信したのだ。コリアとは韓国だけではない。北も含めたひとつのコリアのことなのだ、と。

ア～リラン、ア～リラン、ア～ラ～リ～ヨゥ～

ア～リラ～コゲ～ロゥ、ノ～モカンダ～

アリランの歌声がスタジアムをつつみこんだ。そう。シドニーオリンピックの入場行進で南北統一コリアの選手団が現われたときも、北でも南でもなくこのアリランが流れていた。

歴史は繰り返した

両国のイレブンがピッチに姿を現わした。イタリア、そして韓国の国歌演奏が終わり、六月一八日二〇時三〇分、いよいよキックオフのホイッスルが場内に響きわたる。怒濤のような大歓声が沸き起こり、ホイッスルの鋭い音をかき消した。

この大声援に後押しされるように、韓国はスタートからイタリア陣内に果敢に攻め込んだ。スタンドからはその速攻に、世界でも堅守を誇るイタリアがあたふたしているように見えた。そして前半五分、韓国のフリーキックに合わせにいった韓国の選手とイタリアの選手がもつれた。その瞬間、エクアドル人主審は韓国にＰＫを与える判定を下した。ゴ～ッ、と得体の知れないどよめきがスタジアムを揺らす。

キッカーはアン・ジョンファン。三万八五八八人観衆の圧倒的多数を占める韓国サポーターは、先制ゴールへの期待をもって、アン・ジョンファンのキックを見つめる。しかし次の瞬間、期待は一気に落胆へと変わる。世界でも屈指のGKとの呼び声高いブッフォンが、アン・ジョンファンのキックをはじいてしまったからである。頭を抱えるアン・ジョンファン。スタンドのファンも同じ仕草をするしかない。

アン・ジョンファンは中田英寿がローマに移籍してしまった後に、「第二のナカタ」と期待されてペルージャに入団した。昨シーズンはエースナンバー一〇をもらった。しかしセリエAの壁は厚く、アン・ジョンファンの出場機会はほとんどなかったと言ってもいい。背番号一〇は完全なリザーブ要員とみなされたのである。一方のGKブッフォンはワールドカップ直前のセリエAを制したユヴェントスの正GK。ペルージャとは力の差も段違いの世界の強豪である。ひょっとすると、アン・ジョンファンにそんなコンプレックスがあったのかもしれない。

PK失敗はイタリアに流れをもたらした。韓国選手は強靱なイタリア戦士との競り合いで次々とピッチにうずくまる。キム・テヨンはビエリと競り合ったときに鼻を強打。キム・ナミルはトッテイに頭を肘打ちされ、芝生に倒れ臥した。そして前半一八分、イタリアのコーナーキック。チェ・ジンチョルがビエリのユニフォームを引っ張って必死に守る。しかし、ビエリはこれを突き飛ばし、強引にヘディング。ボールはGKイー・ウンジェの後方のネットを揺らした。イタリアが先制。ビエリはゴール裏のレッドデビルの前で、人差し指を自分の唇に当てる仕草をした。

「さあ、もう静かにしな」

そう挑発しているようであった。

韓国サポーターはビエリに従うように静まり返った。僕のまわりのサポーターも、信じられない、という表情で立ち尽くしていた。ただ、三列前の日本人の男女だけがハイタッチをして喜んでいるだけだった。

その後は韓国が攻め、イタリアが守るという展開となる。イタリアの守りは「カテナチオ（かんぬき）」と呼ばれる。自分のゴールにはかんぬきで二重三重のロックを施し、相手ゴールの鍵を壊して得点を盗む。このカテナチオの前に幾多の欧州の強豪が沈んでいったことだろう。韓国はカテナチオを壊そうとしたが、そのたびに跳ね返された。

後半になっても、韓国は執拗にサイドからカテナチオを崩しにかかる。しかしながら時間が経過するにしたがってイタリアはかんぬきをさらに増やし始める。後半一六分にはデルピエロを下げ、二七分にはザンブロッタを下げていずれも守備的なプレイヤーを増員した。あとは韓国がかさにかかって攻めてきたら、カウンターでビエリにボールを預けてあわよくば追加点を、という姿勢になった。イタリア人には独特のサッカー美学がある。それは一対〇の勝利こそもっとも美しい勝利である、ということだった。その「芸術的」勝利へ、イタリアは着実にシナリオを描いているかに見えた。

だが、韓国のアッパクスビと疲れを知らない攻撃に、実はアッズーリ戦士たちは徐々に疲弊していた。逆に韓国は相手がカテナチオであろうと、あきらめることなく果敢にぶつかっていった。後半一八分にファン・ソノン、二三分にイー・チョンス、そして三八分にはベテランのホン・ミヨンボに代えてチャ・ドゥリといずれも攻撃的なプレイヤーを入れるヒディンク監督。ただ、あまりにも残り時間が少ない。一対〇。歴史はやはり繰り返さないのか。

後半四二分、サイドからのクロスがイタリア陣内に送り込まれた。それはパヌッチの体に当たったが、完全なクリアとならなかった。こぼれ球にいちはやく反応したのがソル・ギヒョンだった。左足を思いっきり振りぬいた。ボールはブッフォンの長い左手の先をすりぬけて、そのままゴールに吸い込まれていった。

この瞬間、もはや歓声とも怒号ともつかない轟音がスタジアムを揺るがした。

一対一！

僕は気付かないうちに何度もジャンプしていた。

このまま後半は終わるかと思ったが、イタリアが一点狙いにきた。サイドから無人のゴール前にクロスボールが上がる。突進してきたのはビエリ。やられたか。そう思った瞬間、ボールはゴールの枠内とはまったく別の方角に飛んでいった。チャンスを逃したビエリは、そのままピッチの上で大の字になってしばらく動かなかった。

ついに延長戦に突入だ。スタジアムの雰囲気は、明らかにリードされていたときとは変わっていた。そしてピッチ上でも韓国優位の試合展開が進んでいく。それを決定づける出来事が、延長前半終了間際に起こった。韓国ゴールへ突進していったトッティが韓国DFともつれるようにしてペナルティーエリアで倒れた。主審が倒れたトッティのそばに駆け寄る。そしてすぐさまイエローカードを高く掲げ、次にレッドカードを取り出したではないか。シミュレーション。レフェリーを欺いて、ＰＫを得ようとした非紳士的行為。トッテイの転倒はエクアドルの主審に、そう判断されたのである。この日の前半にイエローカードを受けていたトッティは、二枚目のイエローカードで退場となってしまったのである。猛然と抗議するアッズーリの戦士たち。しかし判定が覆ることはなかった。

六六年のイタリア戦も、あれは負傷退場であったが、イタリアが一〇人で戦わざるを得なくなっていたことを思い出した。歴史は繰り返すのか。

延長後半、フィールドプレイヤーが一人多い韓国が攻撃をしかける。左サイドからのクロスボールに、フリーだったファン・ソノンがヘディングで合わせる。決まった！　誰もがそう思い、総立ちに。しかし無情にもボールはブッフォンの正面に。

僕の隣には若い韓国人カップルがいたが、真横の女性は同点ゴールからまともに言葉を発していなかった。韓国が攻め込むとただひたすら「ウォ〜」とまるで野獣のような吠え声をあげるのみ。それも、彼女の美しい顔立ちからは想像もできないようなうなり声だった。ファン・ソノンのシュートがブッフォンにおさえられた瞬間、彼女のウォーはさらに低くとどろいた。

その二分後、疲労困憊のイタリアに最後のチャンスがめぐってくる。韓国ＤＦからボールを奪ったガットゥーゾがＧＫイー・ウンジェと一対一になったのである。強いシュートが放たれたが、イー・ウンジェが素晴らしいセービングで韓国敗退の危機を救った。

時間は過ぎていく。延長後半も一〇分を回った。このままいけばＰＫ戦。イタリアは九〇年大会以来、三大会連続でＰＫ戦で敗れてワールドカップから姿を消している。韓国にとっては好都合なデータがあるが、果たしてそうなるのか。

　PK戦も僕の頭にちらついた次の瞬間だった。またもイタリア陣内に侵入した韓国はイー・ヨンピョが左からクロスボールを送った。イタリアDFの要でキャプテンマークをつけたマルディーニの体が宙に浮いた。しかしマルディーニの隣でジャンプをする選手がいた。彼の頭がマルディーニよりも高い位置にあった。その頭に当たったボールは後方のゴールへ。ブッフォンが必死に手を伸ばす。しかしボールはネットに達していった。

　ゴールデンゴール！　決めたのは、背番号一九。開始早々にPKを止められたアン・ジョンファン。ピッチ上に崩れ落ちるアッズーリの戦士たち。それと対照的にレッドデビルの前を疾走するアン・ジョンファンのもとへいっせいに駆け寄る韓国のイレブン。

　スタジアムは同点ゴールの時以上にすさまじい轟音に包まれた。スタンドは揺れていた。ゴールデンゴールの瞬間、僕は何が起きたのか、一瞬わからなかった。しかしブッフォンが倒れこみ、電光掲示板に「KOREA2　ITALY1」と表示されたのを見て、ようやく事態を正確に把握した。三六年ぶりに歴史は繰り返したのだ。

　ウワァ〜アン
　隣の女性が人目もはばからず、大声で泣きだした。せっかくの化粧が台無しだが、そんなことはもうどうでもいいのだ。彼女の歓喜の嗚咽を聞きながら、そしてスタンドにこだまするコリアコールを聞きながら、僕は思った。

「今回はこの代表チームでよかったのだ」と。

あとがき

韓国とイタリアの激戦の興奮さめやらぬまま、二一日に準々決勝のドイツ対アメリカ戦（蔚山）を観戦し、二二日に当地から帰国の途につくことにしました。

小倉行きの高速船「ドルフィンウルサン」は一三時五〇分発の予定でした。ところがこの日は玄界灘の波が荒く、小倉からの便の到着が遅れ、出港は通常の一時間後になりました。蔚山港を離れると、まもなく小型の船は荒波に翻弄され始めました。この波浪のため小倉到着も二時間遅れの一九時頃になることが、キャプテンからアナウンスされました。

しかし不幸中の幸いとも言いましょうか、この遅れのおかげで光州で行なわれる準々決勝・韓国対スペイン戦をすべて船内の衛星テレビで観戦することができたのです。この日の乗客は韓国でワールドカップを観戦して帰国する日本人と、九州旅行に出かける韓国人がほぼ半々の割合でした。日本人乗客のほとんどが激しい揺れにぐったりしていました。ところが韓国人のほうはそうではありませんでした。テレビが韓国とスペインのイレブンの登場を映し出すと、誰からともなくあのかけ声が起きたのです。

「テ〜・ハン・ミン・グッ！」

もちろんその後に続いたのは、見事にそろった手拍子です。試合が始まると、韓国人は画面を

凝視。韓国の選手がボールを持って相手陣内に切り込むと、

シュート、シュート！

という声が客席のあちこちから上がります。まるで、「船酔いなんてかかってるヒマなんかないよ」というほど、韓国の人たちは熱心に声援を送るのです。この試合中、何度かスペインが韓国ゴールを割りました。そのたびに一瞬、船内は静まり返ります。しかしそれがいずれもファウルやボールがラインを割ったと判定されて得点が認められなかったことがわかると、ワ〜ッという歓声に変わります。試合は〇対〇のままＰＫ戦にもつれ込みました。スタジアムもそうだったのでしょうが、船内にも張り詰めた空気が漂います。そしてスペイン四人目のキッカー、ホアキンの弱いシュートをイー・ウンジェが止めたとき、ウォーという雄叫びが上がりました。韓国五人目のキッカーはホン・ミョンボ。彼も長い間、Ｊリーグで活躍した選手です。ホン・ミョンボの蹴ったボールがゴールネットに突きささるやいなや、船は韓国の人たちによる歓喜の轟音でさらに揺れました。画面には「韓国、四強進出！」というテロップが誇らしげに踊っていました。

玄界灘。こんなエピソードがありました。一九五四年のスイス大会予選、アジア代表の椅子を賭けて日本と韓国が東京で二試合を戦うことになりました。日本へ向かう韓国の代表監督に、当時のイー・スンマン大統領は、こう、言ったそうです。

「負けたら玄界灘に身を捨てる覚悟で行け」

捨て身の韓国は敵地の第一戦を五対一で快勝、第二戦も二対二として初のワールドカップ出場を決めました。韓国の監督も選手も玄界灘の波濤に身を委ねることはなかったのでした。それか

ら四八年の歳月が流れました。この出場以来ようやく初白星を挙げると、ポルトガル・イタリア・スペインという優勝候補だった三国を連破し、またたくまに四強入りを果たしてしまったのです。これまでアジア勢のおさめた最高の成績は、六六年イングランド大会における北朝鮮のベスト8でしたから、三六年ぶりにこれを塗り替えたのです。

僕は、サッカーに関して言えば、これまで韓国や北朝鮮をライバルと思ったことはあっても、仲間とか友達という感覚は決して持てませんでした。というのも、この両チームは長い間、日本のワールドカップへの道を閉ざしてきたからです。二〇〇二年の共同開催が決まったときも、「どうして韓国と？」という思いのほうがどうしても先に立ってしまったものです。ところが「FIFAワールドカップ・コリア／ジャパン」という名称の「コリア」に疑問を感じてから、北朝鮮に行ったり、韓国でベスト8を賭けた大一番を観戦することとなったりと、さまざまなことを経験することになりました。ほんの一年前には、これらは想像もつかないことでした。

残念ながら、ワールドカップ・コリア／ジャパンでは南北コリア共催も統一コリアチームも実現しませんでした。それどころか北ではワールドカップの開催は伝えるけれども、韓国戦の放映はおろか、一六強の顔触れを紹介するときも試合の行なわれる韓国会場の地名を空欄にしたり一五チームだけを読み上げたりして、ひたすら韓国という存在を無視してきました。

しかしこのような状況を変えたのが、一八日の韓国対イタリア戦だったのです。この試合から五日後（二三日）の夜、ピョンヤンの朝鮮中央国営テレビはイタリア戦のダイジェストを編集して放映したのです。しかもアン・ジョンファンが決めたゴールデンゴールまでしっかりと。そして、同テレビは次のように伝えたといいます。

「（韓国はこれまで）一勝もできなかったが、今回は勝利を重ね、国民の士気が高まっている」

ピョンヤンをはじめ、北の人々はどのような思いを持って、イタリア戦を見たのでしょうか。

この翌日の六月二四日、僕は東京に戻るため新幹線に乗りました。車内に流される文字ニュースのテロップに何気なく目をやると、次の文字に視線は釘づけとなりました。

北朝鮮の二六人、韓国へ

この日の夕刊（朝日新聞）では、以下のように伝えています。

北京の韓国大使館領事部などに駆け込み、保護を受けていた朝鮮民主主義人民共和国（北朝鮮）の住民二三人と、領事部内から中国当局に連行された男性一人の計二四人が、バンコクを経由して二四日午前韓国入りした。また、北京のカナダ大使館に逃げ込んだ北朝鮮住民二人もシンガポール経由で同日、韓国に到着した。


さらに新幹線の文字ニュースでは、このような報道もありました。

少年の一人は「韓国でワールドカップが見たい」とも

やはり同日の『朝日新聞』夕刊では、こう報じています。

九七年に家族とともに北朝鮮を脱出し、中国で隠れていたという青年（一五歳）は「（北京の韓国）大使館で（W杯で）韓国がスペインを下し、四強に進出したのを見た。準決勝以降は韓国で見たい」と話したという。

この記事ではこのコメントに続けて、「今年の北朝鮮から韓国への亡命者は、今回の二六人を加えると五一四人となり、すでに過去最高だった昨年（五八三人）に迫る勢いとなっている」としめくくっていました。

六月二五日。『朝日新聞』の朝刊は「北朝鮮兵も韓国を応援？」と題した記事を掲載しています。

聯合ニュースによると、韓国軍合同参謀本部は軍事境界線付近で、朝鮮民主主義人民共和国（北朝鮮）側にW杯の韓国出場試合のラジオ中継を大音量で流している。最前線では、韓国勝利の知らせを聞いた北朝鮮兵が両腕を上げ、頭上で大きなマルを造って祝福したこともあるという。

韓国軍は「心理作戦」の一環として、ラジオ放送のほか、大型電光掲示板で「大韓民国四強進出」と知らせるなどしており、軍関係者は「大部分の北の兵士は韓国の健闘を知っているのではないか」。

この聯合ニュースの報道が本当だとしたら、韓国代表の快進撃は間接的ではありますが、三八度線の壁をじわじわと壊していることにもなります。

六月二五日といえば、朝鮮半島に暮らす人々には忘れがたい日だといえます。一九五〇年のこの日、同じ民族同士が殺し合い、南北コリアの分断が決定的となった朝鮮戦争が始まった日だからです。そして五二年後の同じ日、韓国全土には新しい歴史をつくる期待がみなぎっていました。というのもソウルでワールドカップ準決勝・韓国対ドイツ戦が行なわれるからでした。

この日、僕はこの本の第六章「AGAIN 1966」の執筆のため、一日中自宅にこもっていました。そして二〇時三〇分のキックオフが近づくと、机に向かうのをやめて、テレビのスイッチをオンにしました。その直後、電話が。

「すいません、今からそっちに行っていいですか?」

受話器の向こうからは友人の声が聞こえてきました。彼は友人たちと新宿区大久保にいるとのことでした。友人らは東京でも有数のコリアンタウン・大久保で韓国対ドイツ戦をテレビ観戦しようと考えていました。ところがこの夜は、どの韓国料理店も居酒屋も同じ気持ちを持ったコリアンたちで超満員。結局、あきらめた彼らは大久保に程近いところに暮らしている僕の家に向かうことにしたそうです。

タクシーで乗り付けてきた彼らを見て、びっくりしました。「Be The Reds!」と書かれた真っ赤な布を手にしていたからです。大久保で売られていたので一枚五〇〇円で買ったとのこと。そして例の赤いTシャツも一〇〇〇円で売っていたそうです。友人たちはもともとそれほど熱心な韓国サポーターではありませんでした。ところが、欧州の強豪を次々と打ち破っていく戦いぶりと、熱いながらも素晴らしい応援を繰り広げるサポーターに感銘を受けていつのまにか韓国のとりこになってしまったそうです。驚くべきことに、大学生のM君は韓国語で韓国国歌を歌えるようにまでなっていました。こんな日本人が、全国各地にも大勢いたのではないでしょうか。

彼らが自宅にやってきたのは、ちょうど試合開始のホイッスルが吹かれたところでした。実はこの数分前、はっとさせられるシーンが放映されていました。この日もゴール裏は「レッドデビル」によって真っ赤に染められていました。そして白いボードを掲げて人文字を作るのです。たとえばイタリア戦の際の「AGAIN 1966」のように、ウイットやユーモアに富んだものを。ところが、この夜はいつもとは違っていたのです。浮き出てきた文字は、これまでの英語ではなく、何とハングル文字だったのです。この光景を見て、僕はかつてビデオで見た北朝鮮のマスゲームを連想してしまいました。

いったい、何が書かれているんだ。

そんな疑問に答えるように、すぐにテレビの実況アナウンサーが翻訳をしました。

「夢をかなえよう」

夢。それはこの夜にドイツに勝って、決勝戦の横浜のピッチの上に韓国が立っていること。しかし「夢」にはもうひとつの意味があったのです。そう考えなければ、レッドデビルがわざわざハングル文字にした意味がわからなくなってしまうのです。それはこの日が六月二五日であることを思い起せば、すぐにわかりました。夢。それは、ひとつのコリア。彼らは北で見ているであろう人々——同じコリアンに、メッセージを送ったのでした。

準決勝の韓国は、明らかにこれまでよりも動きが鈍かったと思います。二試合連続の延長戦で選手たちに疲れがあったのかもしれません。しかもドイツの慎重かつ堅実な試合運びの前に、これまでとは逆に、韓国イレブンが疲弊させられていったのです。それでも優勝三度を誇る強豪相手に、後半三〇分までイーブンスコアだったことを考えると、韓国は本当によく戦ったと思います。ついに韓国は決勝を目前にして力尽きました。彼らの雄姿を日本で見たかった者としては、残念な結果でした。しかしその素晴らしい戦いぶりは、賞賛されるべきであっても、誰も異論をさしはさむことはできないでしょう。韓国の快進撃は今後の世界サッカーの記憶に、長くとどめられるはずです。

ベスト4入りに、韓国の人々は沸きました。もちろんそれだからといって、南北の分断のような厳しい問題が解決されるわけではありません。事実、三位決定戦が行なわれる二九日に、韓国海軍の警備艇と北朝鮮の警備艇との間で銃撃戦が発生、韓国兵四人が死亡するという事件が起きました。発生現場は「海の三八度線」付近だったそうです。ワールドカップはしょせん、うたかたの夢にすぎない、という人もいるかもしれません。それでも確かなことがひとつあります。それは韓国代表は、「夢」を朝鮮半島の人々に置いていったことです。日本人である僕が見ていても、韓国にはフィールド上のプレー以外にも、さまざまな財産をもらったような気がします。そして素直に素晴らしいワールドカップだったと思います。

個人的な話になります。僕が生まれたのは一九六六年です。大阪の鶴橋に近い病院でした。鶴橋といえば関西でも最大のコリアンタウンのあるところで、今でも市場ではキムチの薫りが漂い、鮮やかな色のチマチョゴリが所狭しと並んでいます。この年はワールドカップのイングランド大会が行なわれました。北からやってきたコリア旋風がまき起こった、あの大会です。ただ、僕がこの世に転がり出てきたときにはとっくにワールドカップは終わっていました。だから、身をもって体験、というわけにはいかなかったのです。それから三六年の歳月が流れました。遥か遠い存在だったワールドカップが日本と韓国にやってきて、しかも両国がそろって決勝トーナメントに進出。今度は南のコリアが大活躍し、しかも因縁のイタリア戦をじかにこの目で見ることができました。人生とは自ら切り開くもの。そう思っていましたが、それとは別にサポートがあるのだなあ、ということを知ったワールドカップでもありました。

このような運命の悪戯というべきか奇縁を記録して出版する。物書きにとってこれほど冥利に尽きることはありません。そのきっかけを作ってくれたのが南北コリアクルーズを企画したNGO「ピースボート」事務局と主催旅行社「ジャパングレイス」の皆様でした。とりわけピースボートスタッフのきせたかよし君はこの書の出版を勧め、その実現に最後まで奔走してくれました。また、ワールドカップ観戦の韓国旅行では金井昌行さんにお世話になりました。金井さんには都羅山行きなど鉄道旅行のコーディネートをしていただいたうえに、インターネットで韓国開催の六試合のチケットをすべて予約してもらいました。ここでは紹介できませんが、もちろんそれ以外にも多くの方のサポートがあったからこそ、出版にこぎつけることができました。

また海の向こうからのサポートがありました。日本との国交がないという厳しい条件の下、南北コリアクルーズを受け入れてくれた北朝鮮の人々に対する感謝の気持ちを忘れるべきではないと思います。とりわけサッカー事情について教えてくれたリ先生に通訳のオさんに対しては。韓国ではコリアクルーズのカウンターパートナー。いろいろ親切にしてくださったソウルの鄭順子（チョン・スンジャ）さんをはじめ無数の市井の人たち。そして韓国代表。ヨルブン、カムサハムニダ！

そして最後になりましたが、この本の出版について多大な助言と尽力をいただいた現代企画室の太田昌国さんに、紙上を借りてお礼申し上げます。

二〇〇二年六月三〇日　ワールドカップ決勝戦の日に

金丸知好

〈参考資料〉

「きみたちと朝鮮」ユン・コォンチャ（岩波ジュニア新書）
「日韓キックオフ伝説」大島裕史（実業之日本社）
「ワールドカップ物語　二〇世紀スポーツの最高峰―サッカー世界選手権」鈴木武士（ベースボール・マガジン社）
「決定版　ワールドカップ全史」ブライアン・グランヴィル、賀川浩［監修］田村修一・土屋晃・田辺雅之［訳］（草思社）
「朝日選書四九七　ワールドカップの国際政治学」松岡完（朝日新聞社）
「ワールドカップ」後藤健生（中央公論社）
「サッカーマガジン」一九六六年八月号（ベースボール・マガジン社）
「鉄道ジャーナル」朝鮮半島の軍事境界線と幻の金剛山電気鉄道（鉄道ジャーナル社）
「朝鮮観光案内」（朝鮮新報社出版事業部）
「ふたつのコリアと日本」講演用資料、孫明修
「発見!!　朝鮮の音楽と芸能文化」講演用資料　野平晋作
「アン・チファン」歌詞日本語訳　藤原真也・やん　ゆん
「朝日新聞」
「ＪＳＡ」パンフレット

【著者紹介】

金丸知好（かなまる　ともよし）

1966年、富山県生まれ。早稲田大学第一文学部卒業後、91年にサハリン・レポート「北緯47度の忘れ物」で徳間文庫10周年ノンフィクションの大賞を受賞。以後、サハリン・北方四島・朝鮮半島・中国など日本の近隣地域のルポや、国際政治とサッカーの関係を描いたノンフィクションを手がける。

サッカーをテーマとした著書には、旧ユーゴの崩壊とサッカーシーンを描いた『廃墟からのワールドカップ』『ユーゴスラヴィアと呼ばれた国があった』（ＮＴＴ出版）、東ティモールやアフガニスタンなど復興の希望をサッカーに託す国々に焦点を当てた『ゼロからのキックオフ』（出版文化社）がある。

コリア！
38度線を越えたゴール

発行……二〇〇二年八月一五日　初版第一刷　二〇〇〇部
定価……一三〇〇円＋税
著者……金丸知好
発行人……北川フラム
発行所……現代企画室
住所……101-0064東京都千代田区猿楽町二－二－五　興新ビル三〇二
電話03-3293-9539　ＦＡＸ03-3293-2735
E-mail gendai@jca.apc.org
http://www.shohyo.co.jp/gendai/
振替……〇〇一二〇－一－一一六〇一七
印刷・製本……中央精版印刷株式会社
ISBN4-7738-0209-X　C0036　Y1300E

現代企画室《世界の女たちが語る》

私にも話させて
アンデスの鉱山に生きる人々の物語

ドミティーラ＝著　唐澤秀子＝訳
A 5 判/360 P/84・10刊

ボリビアの鉱山に生きる一女性が語るアンデスの民の生とたたかい。木曽弁に翻訳された、人々の共通の記憶とされるべきこの希有の民衆的表現は静かなるロングセラーとして、全国各地で読みつがれている。インディアス群書①　2600円

ティナ・モドッティ
そのあえかなる生涯

コンスタンチン＝著　LAF＝訳
A 5 判/264 P/85・2 刊

イタリアに生まれ、カリフォルニア移住後、ジャズ・エイジのアメリカ、革命のメキシコ、粛清下のソ連、内戦のスペインと、激動の現代史を駆け抜け、想い出の地メキシコに客死した一女性写真家の生。写真多数。インディアス群書③　2800円

人生よありがとう
十行詩による自伝

ビオレッタ・パラ＝著　水野るり子＝訳
A 5 判/384 P/87・11刊

チリに生まれ、世界じゅうの人々の心に沁みいる歌声と歌詞を残した南米フォルクローレの第一人者が、十行詩に託した愛と孤独の人生。著者の手になる刺繡をカラー図版で 5 枚収録。詳細ビオレッタ年譜付。インディアス群書⑩　3000円

アマンドラ
ソウェト蜂起の物語

ミリアム・トラーディ＝著　佐竹純子＝訳
4 6 判/328 P/89・9 刊

人種差別の厚き壁＝アパルトヘイト体制下に生きる若い魂のふるえを、1976年ソウェト蜂起を背景に描ききった南アフリカ作家（1933年ジョハネスバーグ生まれ）の佳作。解放の道筋を求める激しい議論が作品に横溢。　2200円

女が集まる
南アフリカに生きる

ベッシー・ヘッドほか＝著　楠瀬・山田＝訳
4 6 判/232 P/90・5 刊

「女を強調することが、男にとって耐えがたいほど脅威になる」――南アフリカを揺るがす女たちの自己表現を、詩・小説・聞き書き・版画など多様な形によって指し示し、何重もの抑圧とたたかうその姿を紹介する。　2200円

この胸の嵐
英国ブラック女性アーティストは語る

萩原弘子＝著
4 6 判/224 P/90・10刊

出身地を異にしつつも、「ブラック」の自己意識に拠って表現活動を繰り広げるイギリス在住の女性アーティスト 5 人が「抑圧の文化」の見えざる力に抗し「解放の文化」を提示する、魅力に満ちた聞書集。作品写真多数収録。　2400円

ヘンゼルとグレーテルの島
水野るり子詩集

A 5 版96 P/83・4 刊

詩人の内にいつも佇むひとりの子ども。その子の見る色彩と音と匂いとに満ちた夢は、昼の光の下どこに行ったのだろう。自らの生の立つ混沌の世界をたぐり寄せるこの詩集は、第34回H氏賞を受賞した。　2200円